Reisen mit Insider-Tipps

Diese Tipps sind die ganz speziellen Empfehlungen unserer Autoren. Sie sind im Text gelb unterlegt.

Fünf Symbole sollen Ihnen die Orientierung in diesem Führer erleichtern:

für Marco Polo Tipps – die besten in jeder Kategorie

für alle Objekte, bei denen Sie auch eine schöne Aussicht haben

für Plätze, wo Sie bestimmt viele Einheimische treffen

für Treffpunkte für junge Leute

(108/A 1)
Seitenzahlen und Koordinaten für den Reiseatlas Barbados
(U/A 1) *Koordinaten für den Stadtplan Bridgetown im hinteren Umschlag*

Diesen Führer schrieb die Reisejournalistin Uschi Wetzels. Sie kennt die Karibik von verschiedenen, längeren Studienaufenthalten.

Die Marco Polo Reihe wird herausgegeben von Ferdinand Ranft.

Die aktuellsten Insider-Tipps finden Sie im Internet unter http://www.marco-polo.de

MAIRS GEOGRAPHISCHER VERLAG

MARCO 🌐 POLO

Für Ihre nächste Reise gibt es folgende Titel dieser Reihe:

Ägypten • Alaska • Algarve • Allgäu • Amrum/Föhr • Amsterdam • Andalusien • Antarktis • Argentinien/Buenos Aires • Athen • Australien • Azoren • Bahamas • Bali/Lombok • Baltikum • Bangkok • Barbados • Barcelona • Bayerischer Wald • Berlin • Berner Oberland • Bodensee • Bornholm • Brasilien/Rio • Bretagne • Brüssel • Budapest • Bulgarien • Burgund • Capri • Chalkidiki • Chicago und große Seen • Chiemgau/Berchtesgaden • Chile • China • Costa Blanca • Costa Brava • Costa del Sol/Granada • Costa Rica • Côte d'Azur • Dalmat. Küste • Dänemark • Disneyland Paris • Dolomiten • Dominik. Republik • Dresden • Dubai/Emirate/Oman • Düsseldorf • Ecuador/Galapagos • Eifel • Elba • Elsass • Emilia-Romagna • England • Erzgebirge/Vogtland • Finnland • Flandern • Florenz • Florida • Franken • Frankfurt • Frankreich • Franz. Atlantikküste • Fuerteventura • Gardasee • Golf von Neapel • Gomera/Hierro • Gran Canaria • Griechenland • Griech. Inseln/Ägäis • Hamburg • Harz • Hawaii • Heidelberg • Holland • Holl. Küste • Hongkong • Ibiza/Formentera • Indien • Ionische Inseln • Irland • Ischia • Island • Israel • Istanbul • Istrien • Italien • Italien Nord • Italien Süd • Ital. Adria • Ital. Riviera • Jamaika • Japan • Java/Sumatra • Jemen • Jerusalem • Jordanien • Kalifornien • Kanada • Kanada Ost • Kanada West • Kanalinseln • Karibik I • Karibik II • Kärnten • Kenia • Köln • Königsberg/Ostpreußen Nord • Kopenhagen • Korfu • Korsika • Kos • Kreta • Kuba • Languedoc-Roussillon • Lanzarote • La Palma • Leipzig • Libanon • Lissabon • Lofoten • Loire-Tal • London • Los Angeles • Lüneburger Heide • Luxemburg • Macau • Madagaskar • Madeira • Madrid • Mailand/Lombardei • Malaysia • Malediven • Mallorca • Malta • Mark Brandenburg • Marokko • Masurische Seen • Mauritius • Mecklenburger Seenplatte • Menorca • Mexiko • Mosel • Moskau • München • Namibia • Nepal • Neuseeland • New York • Nordseeküste: Niedersachsen mit Helgoland • Nordseeküste: Schleswig-Holstein • Normandie • Norwegen • Oberbayern • Oberital. Seen • Österreich • Ostfries. Inseln • Ostseeküste: Mecklenburg-Vorpommern • Ostseeküste: Schleswig-Holstein • Paris • Peking • Peloponnes • Peru/Bolivien • Pfalz • Philippinen • Phuket • Piemont/Turin • Polen • Portugal • Potsdam • Prag • Provence • Rhodos • Riesengebirge • Rocky Mountains • Rom • Rügen • Rumänien • Russland • Salzburg/Salzkammergut • Samos • San Francisco • Sardinien • Schottland • Schwarzwald • Schweden • Schweiz • Seychellen • Singapur • Sizilien • Slowakei • Spanien • Spreewald/Lausitz • Sri Lanka • Steiermark • St. Petersburg • Südafrika • Südamerika • Südengland • Südsee • Südtirol • Sylt • Syrien • Taiwan • Teneriffa • Texas • Thailand • Thüringen • Tirol • Tokio • Toskana • Tschechien • Tunesien • Türkei • Türk. Mittelmeerküste • Umbrien • Ungarn • USA • USA: Neuengland • USA Ost • USA Südstaaten • USA Südwest • USA West • Usedom • Venedig • Venetien/Friaul • Venezuela • Vietnam • Wales • Washington D.C. • Weimar • Wien • Zürich • Zypern • Die besten Weine in Deutschland • Die tollsten Musicals in Deutschland

Die Marco Polo Redaktion freut sich, wenn Sie ihr schreiben: Marco Polo Redaktion, Mairs Geographischer Verlag, Postfach 31 51, D-73751 Ostfildern

---

Unsere Autoren haben nach bestem Wissen recherchiert. Trotzdem schleichen sich manchmal Fehler ein, für die der Verlag keine Haftung übernehmen kann.

Titelbild: Ostküste, bei Bathsheba (Huber)
Fotos: Autorin (4, 7, 16, 22, 24, 26, 28, 31, 37, 42, 48, 50, 57, 58, 61, 64, 68, 73, 74, 76, 79, 82);
Mauritius: Hubatka (107), Mac Laren (19), Messerschmidt (32), Pearce (53, 54), Rawi (89),
Torino (80), Vidler (66); Schuster: Harding (38), Indra (9), Tovy (12).

2., aktualisierte Auflage 2000 © Mairs Geographischer Verlag, Ostfildern
Chefredakteurin: Marion Zorn; Lektorat: Jochen Schürmann
Gestaltung: Thienhaus/Wippermann (Büro Hamburg)
Kartografie Reiseatlas: © Berndtson & Berndtson, Fürstenfeldbruck
Sprachführer: in Zusammenarbeit mit dem Ernst Klett Verlag für Wissen und Bildung GmbH,
Redaktion PONS Wörterbücher

Das Werk einschließlich aller seiner Teile ist urheberrechtlich geschützt. Jede urheberrechtsrelevante Verwertung ist ohne Zustimmung des Verlages unzulässig und strafbar. Das gilt insbesondere für Vervielfältigungen, Übersetzungen, Nachahmungen, Mikroverfilmungen und die Einspeicherung und Verarbeitung in elektronischen Systemen.

Printed in Germany
Gedruckt auf 100% chlorfrei gebleichtem Papier

INHALT

Auftakt: Entdecken Sie Barbados! .... | 5 |
Einst lebte die Insel vom Zuckerrohranbau – heute locken weiße Strände, hervorragende Hotels, fröhliche Menschen und karibisches Flair

Geschichtstabelle .... | 10 |

Barbados-Stichworte: Calypso und Meerkatzen .... | 13 |
Hintergründe, um Kultur und Alltag der Bajans besser verstehen zu können

Essen & Trinken: Brunch auf bajanisch .... | 23 |
Fliegender Fisch und gefülltes Hähnchen, dazu Makkaroniauflauf oder gebratene Bananen und zum Dessert ein Stück Kokoskuchen

Einkaufen & Souvenirs: Kühle Drinks aus tönernen Monkeys ..... | 27 |
Töpferwaren wurden schon in der Sklavenzeit hergestellt, heute sind sie schöne und traditionelle Mitbringsel

Kalender: Jump up .... | 29 |
Wenn die Bajans feiern, dann ist »All Day Party«. Beim Crop Over ist die ganze Insel auf den Beinen, tanzt und singt: »Jump & Raise Up Yuh Hands«

Hotel- und Restaurantpreise .... | 33 |

Der Süden: Weiße Strände, Wind, Wellen und Nightlife .... | 33 |
Die »Riviera« von Barbados bietet gleichermaßen Erholung und Vergnügen, während in der Hauptstadt Bridgetown das geschäftliche Leben pulsiert

Der Westen: Mondän, mit üppiger Tropenvegetation .... | 55 |
Spiegelglattes Meer, Palmen, Cocktails am Strand, abends Kerzenschein und Gaumenfreuden – der Westen versteht es, seine Gäste zu verwöhnen

Der Nordosten: Ungezähmte Landschaften von wilder Schönheit . | 69 |
Ein Inselteil voller Kontraste: kraftvolle Wellen, einsame Strände und bizarre Hügel im Osten, raue Atlantikstimmung am Nordkap und Karibikidyll rund um Speightstown

Routen auf Barbados .... | 84 |

Praktische Hinweise: Von Auskunft bis Zoll .... | 88 |

Warnung: Bloß nicht! .... | 97 |

Sprachführer Englisch: Sprechen und Verstehen ganz einfach .. | 99 |

Reiseatlas Barbados .... | 107 |

Register .... | 119 |

Was bekomme ich für mein Geld? .... | 120 |

AUFTAKT

Entdecken Sie Barbados!

Einst lebte die Insel vom Zuckerrohranbau – heute locken weiße Strände, hervorragende Hotels, fröhliche Menschen und karibisches Flair

Würziger Duft erfüllt die samtene Abendluft. Aus der Glut unter den kleinen Grills lecken hin und wieder Flammen hervor, Töpfe mit Saucen und salatgefüllte Schüsseln reflektieren den warmen Schein. Mit geübten Griffen wird ein großer Fischleib in Scheiben zerlegt. Portionsweise landet das tiefrote Fleisch auf dem Grill. »Do you want dolphin or kingfish?« Um einem etwaigen Protest zuvorzukommen, deutet der Mann mit dem Bratenheber auf die Fischstücke und erklärt mit Nachdruck: Das ist nicht der Flipperfisch! Er hat wohl die Erfahrung gemacht, dass sich ausländische Gäste pikiert abwenden, wenn ihnen »dolphin« angeboten wird. Dabei ist das ein sehr schmackhafter Hochseefisch, verwandt mit den Thunfischen und nicht mit Delfinen.

Die Sonne ist noch nicht lange im Meer versunken, und die Buden auf dem Fischmarkt von Oistins erwarten erst noch den abendlichen Ansturm. Ich nehme meine große Portion gebratenen Dolphin mit Salat in Empfang, greife nach der Familienflasche *Hot Pepper Sauce*, die auf Barbados wie bei uns Ketchup zu Pommes einfach dazugehört, und suche mir ein Plätzchen auf einer der schlichten Holzbänke. Beinahe hätte ich's vergessen, doch mein Fischbrater deutet meinen suchenden Blick richtig und ruft seiner Frau am Kühlschrank zu: »A Banks for the lady, please.« Ein Bier für die Lady, bitte – denn *Banks* ist das heimische Bier von Barbados.

Am anderen Ende des Platzes, bei den hochmodernen Fischterminals, werden unter grellem Neonlicht noch die letzten Fische verkauft. Später, so zwischen Mitternacht und vier Uhr morgens, wenn die Händler längst zu Hause sind, werden die Fischbrater alle Hände voll zu tun haben. Denn heute ist Freitag, und die Bajans – so nennen sich die Einwohner von Barbados selbst – feiern den Beginn des Wochen-

Zwischen Palmen ein typisches chattel house in Bathsheba – aus Holz, farbenfroh gestrichen

endes. Nach einem Happen Fisch und ein, zwei, drei oder mehr Bieren macht man sich auf den Weg in die Nachtclubs im nahen St. Lawrence Gap und in der Hauptstadt Bridgetown. Oder man bleibt gleich, wo man ist, weil hier noch viele Freunde vorbeikommen werden. Spätestens auf dem Nachhauseweg, wenn nach der vielen Tanzerei und den *jump ups* der Magen knurrt, wird es Zeit, in Oistins wieder einen Stopp einzulegen.

Die Bajans haben sich zum Ausgehen schick gemacht. Die Männer tragen lange Hosen und Hemden, die Haare kurz geschoren oder die kleinen Rastalöckchen in alle Himmelsrichtungen gezwirbelt, Mädchen und Frauen bevorzugen knappe Minis und bauchfreie Tops, die Haare in einer Vielzahl von glänzend schwarzen Zöpfen gebändigt, *Cornrowing*. Sie stehen in Gruppen beieinander, reden, lachen. Freundinnen halten einander an den Händen, ziehen zwischen den Gruppen umher, kichern. Aus der gegenüberliegenden Bar dringt laute Musik, der Hit der Saison wird sofort erkannt, der Refrain mitgesungen, und schon beginnen die Hüften zu kreisen.

Barbados ist mit 34 km Länge und 22 km Breite nicht besonders groß, allerdings ist sie die am dichtesten besiedelte Insel der Karibik. Rund 260 000 Bajans leben auf dem Eiland, etwas abseits der anderen Antillenschwestern, genauer der Gruppe der Windward-Inseln. Passatwinde sorgen das ganze Jahr über für angenehme Frische im tropischen Klima. Die durchschnittlichen Tagestemperaturen liegen zwischen 28 und 31 Grad Celsius, in der Nacht kühlt es im Schnitt höchstens auf 21 Grad ab. Regenschauer kann es das ganze Jahr über geben. Am trockensten sind die Wintermonate Dezember bis April, der meiste Niederschlag fällt von Juli bis November. In dieser Zeit ist auch die Gefahr von Hurrikans, den tropischen Wirbelstürmen, die fast die ganze Karibik bedrohen können, am größten.

Doch trotz der Bevölkerungsdichte herrscht auf der Insel kein Gedränge, gibt es keine Hochhäuser, und der Verkehr verläuft außerhalb des Ballungsraumes Bridgetown ausgesprochen flüssig. Auf abgelegenen Landstraßen kann es sogar vorkommen, dass Ihnen lange Zeit kein Fahrzeug entgegenkommt. Über die Hälfte der Bajans lebt im Süden der Insel. Gleichzeitig ist die Südküste eines der beiden großen touristischen Zentren. Die schneeweißen Sandstrände, eine breite Palette an Unterkünften, zahlreiche Restaurants und das lebendige Nachtleben gehören zu ihren Vorzügen.

Im Windschatten der Insel setzt sich das Band aus weißem Sand fort. Die Westküste mit ihrer üppigen Tropenvegetation aus Palmen und exotischen Blumen – Christsterne und Bougainvilleen gehören auf Barbados durchaus zum normalen Straßenbild – ist der lieblichere Teil. Hier liegen die besonders schönen und vornehmen Hotels der Insel und in ihrer Nachbarschaft die stattlichen Villen der Reichen. Auch ein wenig Hollywoodprominenz sucht hier hinter hohen Mauern Erholung. Die Palmen an den Stränden neigen ihre

AUFTAKT

Die Steelband spielt heiße Calypso-Rhythmen auf Ölfässern

Häupter über strahlend blauem Wasser – tolle Postkartenmotive gleich reihenweise.

Und das Karibische Meer zeigt sich hier von seiner schönsten Seite: Meist spiegelglatt und glasklar, animiert es zu jeder Art von Wassersport. Die Wassertemperaturen rund um die Insel schwanken zwischen angenehmen 25 und molligen 28 Grad – Warmbadetag rund ums Jahr. Das sind ideale Bedingungen für das Wachstum farbenprächtiger Korallenriffe, wie sie vor allem an der Westküste zu bewundern sind.

Aus Korallen besteht auch das Fundament von Barbados. Vor rund 600 000 Jahren wurde die Insel als Platte aus dem Meer gehoben. Anders als ihre viel älteren vulkanischen Nachbarn besteht Barbados fast ganz aus korallinem Kalkgestein. Das erklärt zum einen die meist flache Oberflächenstruktur und zum anderen die gute Trinkwasserqualität, da das poröse Kalkgestein mit seinen unzähligen unterirdischen Flussläufen und Höhlen wie ein gigantischer Filter wirkt.

Während der Süden und Norden beinahe flach wie ein Brett sind, ist das Landesinnere von Hügeln bedeckt. Im Osten bei Bathsheba reichen sie bis an die Küste heran. Die ist hier wilder als im Süden oder Westen. Die kraftvollen Wellen des Atlantiks rollen auf langen Stränden aus oder brechen sich Gischt schäumend an den malerischen Monolithen am Ufer des verträumten Ortes. Hier zeigt Barbados ein sehr ursprüngliches Gesicht.

Die höchste Erhebung der Insel, der 340 m hohe Mount Hillaby, liegt am Rand der fast ebenso hohen Hügelkette des Scotland Districts im Nordosten.

Im Gegensatz zur übrigen Insel treten hier ganz unterschiedliche Gesteinsarten in teils recht schroffen Verwerfungen zutage. Diese Region ist wohl die geologisch älteste und wurde früher als die übrige Insel aus dem Meer emporgehoben. Diese Hügel zeigen ein fremdes Bild, sind ganz ohne tropische Vegetation. Sie erinnern wirklich an das schottische Hochland: ein Teppich aus Gras, ab und an niedrige Büsche. Nur die Temperaturen sind gar nicht schottisch, und in den Tälern wachsen Mango- und Kirschbäume.

Dass Barbados aber ansonsten eine Koralleninsel ist, zeigt sich auch an ihren Rändern. Die Strände mit einer Gesamtlänge von 110 km sind aus feinem Korallensand. Korallenstein wurde seit jeher als Baumaterial verwendet. Plantagenhäuser, Kirchen und heute auch Hotels sind aus diesem weißgrauen Stein gebaut. Während die Wohlhabenden schon immer Steinhäuser bevorzugten, bewohnte die Mehrheit der Bevölkerung kleine Holzhäuser. Diese *chattel houses* prägen das architektonische Gesicht der Insel. Entwickelt wurde dieser Typ Haus in der Kolonialzeit, als den Sklaven zwar der Bau von Häusern erlaubt wurde, sie aber kein Land besaßen. Deshalb mussten die Behausungen der Landarbeiter, *chattel,* beweglich sein. Sie wurden nur auf einem Fundament von losen Steinen errichtet.

Die Häuser sind zwar alle nach dem gleichen Grundmuster gebaut, doch trägt jedes individuelle Züge. Man findet die braunen, creme-, pfirsich- oder beigefarbenen Häuser – um nur ein paar besonders beliebte Grundfarben zu nennen – auf der ganzen Insel. Jalousien, Fenster- und Türrahmen und manchmal auch die spitzen Giebel sind in Kontrastfarben abgesetzt. Wegen des tropischen Seeklimas müssen sie alle paar Jahre frisch gestrichen werden. Es macht großen Spaß, nach »seinem« Lieblingshaus Ausschau zu halten. Ich glaubte schon mehrmals »meines« gefunden zu haben, doch ich entdecke immer wieder noch schönere Exemplare.

Die meisten Bajans sind Nachfahren von aus Westafrika verschleppten Sklaven. Eine verschwindende Minderheit mit weißer Hautfarbe stammt überwiegend von den Engländern ab, die über 300 Jahre als Kolonialherren auf der Insel herrschten. Barbados ist die einzige Insel der Region, die ausschließlich in der Hand einer einzigen Kolonialmacht war. Seit dem Erlangen der Selbstständigkeit 1966 gehört Barbados als unabhängiges Mitglied zum britischen Commonwealth. Das Staatsoberhaupt ist noch immer die englische Königin, repräsentiert durch den *Governor General.* Es wird Englisch gesprochen, es herrscht Linksverkehr, die Umgangsformen sind britisch, höflich. Regierungs- und Bildungswesen orientieren sich am britischen Vorbild, die anglikanische Kirche ist die meistverbreitete, und in den Regalen stapeln sich die Dosen Corned Beef – Barbados, das ist Karibik *very British.*

Heute lebt die Insel vom Tourismus. Beim Bau der Hotelanlagen wurde mit Bedacht vorgegangen, klotzige Bettenburgen hat man vermieden. Die meisten

AUFTAKT

Hotels haben höchstens um die hundert Zimmer, viele weniger und nur zwei deutlich mehr. Ihre Architektur ist der Landschaft angepasst.

Restaurants und Lobbies sind oft an den Seiten offen, so dass der Wind die natürliche Kühlung übernehmen kann. Wie wär's mit einem *Candlelightdinner* in lauer Karibiknacht mit Blick auf das Meer? Barbados besitzt eine große Auswahl an hervorragenden Restaurants in bester Lage mit exzellentem Service.

Neben dem Tourismus hat die Landwirtschaft ökonomisch große Bedeutung. Lange war Barbados eine reine »Zuckerinsel«, der Anbau von Zuckerrohr machte die Kolonialherren reich. Auch heute noch prägen die Plantagen weitgehend das Gesicht der Insel. Ein Meer aus hellgrünen Stauden wiegt sich raschelnd im Wind. In sanften Wellen wogen die Felder bis an den Horizont. Vereinzelt ragen Palmen und die Stümpfe der alten Zuckermühlen aus ihnen em-

Bottom Bay an der Südostküste: weißer Sand, Palmen und türkisblaues Wasser

Geschichtstabelle

1536
Portugiesische Seefahrer entdecken auf der Suche nach Brasilien zufällig die Insel und taufen sie »Os Barbados«, die »Bärtigen«, weil die zahlreichen Feigenbäume mit ihren herabhängenden Luftwurzeln sie an lange Bärte erinnern

1627
Zwei Jahre nach der Inbesitznahme durch den englischen Kaufmann John Powell betreten die ersten Siedler in Holetown die Insel

1637
Zuckerrohr wird erstmalig importiert und angepflanzt

1639
Gründung des ersten Parlaments. Es gilt als das drittälteste des Britischen Commonwealth.

1831
Freie Farbige erhalten das Wahlrecht

1838
Die 1834 vom britischen Parlament verkündete Abschaffung der Sklaverei wird für alle Kolonien verbindlich. 1840 werden die ehemaligen Sklaven zu vollberechtigten Bürgern erklärt

1924
Die Democratic League, ein erster politischer Zusammenschluss von Farbigen, wird gegründet

1938
Die sozialdemokratisch orientierte Barbados Labour Party (BLP) formiert sich

1950
Die erste repräsentativ gewählte Regierung nach Einführung des allgemeinen Wahlrechts nimmt ihre Arbeit auf

1966
Die britische Kolonie wird am 30. November in die Unabhängigkeit entlassen, bleibt aber Mitglied des Commonwealth. Erster Premierminister ist Errol Barrow

1971
Die liberale Democratic Labour Party (DLP) gewinnt die Wahl mit einer Zweidrittel-Mehrheit

1976
Die BLP gewinnt unter Tom Adams, ebenfalls mit Zweidrittel-Mehrheit, die Macht zurück. Er geht auch aus der nächsten Wahl 1981 als Sieger hervor

1986
Die DLP übernimmt mit überwältigender Mehrheit und Errol Barrow an der Spitze die Regierungsgeschäfte.

1994
Nach einem Misstrauensvotum gewinnt die BLP die vorgezogenen Wahlen.

1999
Die BLP mit Premierminister Owen Arthur geht als klare Siegerin aus den Wahlen hervor.

AUFTAKT

por. Wenn das Rohr nach rund 16 Monaten ernteif ist, sind die Stangen über mannshoch. Im November, wenn die Ernte noch nicht begonnen hat, der Saft in den Stengeln aber schon süß genug ist, schleichen sich die sonst so ehrsamen Bajans gerne einmal in die Felder, um eine »Zuckerstange« zu naschen.

War das Schlagen des Rohres bis vor kurzem reine Handarbeit, so übernehmen allmählich immer mehr Maschinen in den Monaten Februar bis Mai diese knochenharte Arbeit. Dann ziehen Treckerkarawanen vollbeladen in Richtung Zuckerfabrik. Gerade mal drei sind noch in Betrieb, vor zwanzig Jahren waren es noch über vierzig. In ihrer Nähe liegt ein unverkennbarer Geruch in der Luft, süßlich und schwer. Am Ende mehrerer Produktionsphasen verlassen die süßen, goldgelben Kristalle, abgepackt in kleine Säcke, die Fabrik, um in die ganze Welt exportiert zu werden. Zurück bleibt neben den ausgepressten Spänen, die als Dünger zurück auf die Felder wandern, Melasse, eine zähe, dunkelbraune Masse. Daraus wird der berühmte Barbados-Rum hergestellt, ebenfalls weltweit exportiert – aber auch auf der Insel getrunken.

Die kleine Kneipe an der Ecke ist eine Institution auf Barbados und der Besuch dieser *rum shops* fast ausschließlich Männersache. Sie zu zählen wäre eine Sisyphusaufgabe. Keine noch so kleine Ortschaft ohne *rum shop* oder Kirche! In letztere gehen nicht nur etwa Frauen, sondern alle Bajans – gerne und oft. Der Besuch des Gottesdienstes ist der Höhepunkt der Woche, egal welcher der über 140 Religionsgemeinschaften die Menschen angehören.

Aber am Sonntag wird nicht nur gebetet und gesungen. Bajans lieben Picknicks, und am Wochenende ziehen sie mit der Familie und Freunden zu einem der zahlreichen Picknickplätze. Am liebsten zum Meer, denn auch die Bajans schwimmen und toben gerne im Wasser. Nach einem Bad schmeckt das mitgebrachte Essen doppelt gut. Kassettenrecorder und Radios dürfen ebensowenig fehlen wie kühle Getränke. Calypso lässt die Herzen auf Barbados schneller schlagen und bringt die Körper in Schwung. Schnell wird so aus einem Picknick ein spontanes kleines Fest. *All Day Party* heißt es traditionell Ende Juli, Anfang August, wenn die Zuckerrohrernte eingebracht ist. Dann wird wochenlang gefeiert, und am *Kandooment Day*, bei der prächtigen Kostümparade, tanzt die ganze Insel.

Es sind nicht allein die vielen schönen Strände, die komfortablen Hotels, die gemütlichen Restaurants, die gute Infrastruktur oder die geringe Kriminalität, die Barbados so liebenswert machen. Es sind vor allem seine Menschen, die Bajans, die mit ihrer freundlichen, hilfsbereiten Art den Gast auf ihrer kleinen Karibikinsel nicht nur willkommen heißen, sondern ihn teilhaben lassen an ihrem positiven Lebensgefühl. Sie haben es in den dreißig Jahren der Unabhängigkeit zu einem gewissen Wohlstand gebracht. Ihr Bildungsniveau ist höher als auf den meisten anderen Karibikinseln, und darauf sind sie zu Recht stolz.

STICHWORTE

Calypso und Meerkatzen

Hintergründe, um Kultur und Alltag der Bajans besser verstehen zu können

Grantley Adams

Sir Grantley Adams (1898–1971) wurde 1954 erster Premierminister von Barbados und während der kurzen Existenz der *Federation of the West Indies* deren Premier. Parlamentsmitglied seit 1934, führte der studierte Jurist und Philologe ab 1939, ein Jahr nach ihrer Gründung, die *Barbados Labour Party* (BLP) an. Er engagierte sich sehr für die Föderation, und nach ihrem Scheitern wirkte er maßgebend am Übergang Barbados' vom Status einer Kolonie zu einem selbstständigen Staat mit.

Sein Sohn J. M. G. M. (Tom) Adams trat in die Fußstapfen des Vaters, führte 1976 die BLP zum Wahlsieg und war von 1981 bis zu seinem plötzlichen Tod 1984 Premierminister.

Aloe vera

Die Pflanze mit den dicken, fleischigen Blättern stammt ursprünglich aus dem Mittelmeerraum und kam im 17. Jh. nach Barbados. Geschätzt wegen ihrer heilenden Wirkung, wurde sie bis Mitte des 19. Jhs. in großem

Rasta beim Körbe flechten

Umfang angebaut und exportiert. Die Blätter enthalten ein Gel mit Heilwirkung, das pur angewendet oder zu kosmetischen und medizinischen Produkten weiter verarbeitet wird. Heute wird das Gel vor allem zur Linderung bei Sonnenbränden und Hautentzündungen eingesetzt. Wer will, kauft es am Strand (überteuert) oder im Supermarkt (günstig).

Aloe vera schmeckt extrem bitter und weckt noch bei erwachsenen Bajans unangenehme Erinnerungen: Die Mütter reiben die Daumen ausdauernder Daumenlutscher gerne mit Aloe ein – das verdirbt den Spaß gründlich!

Errol Barrow

Der politische Gegenspieler von Sir Grantley Adams, Errol Barrow (1920–1987), wuchs zum Teil in den USA auf, studierte Wirtschaft und kehrte 1950 nach Barbados zurück. Der Mitbegründer der *Democratic Labour Party* (DLP) wurde nach dem Wahlsieg seiner Partei 1961 Premierminister und führte Barbados 1966 in die Unabhängigkeit. Der erste Regierungschef der neuen Nation blieb bis 1976 im Amt. Nach der Wiederwahl der

DLP 1986 amtierte er zum zweiten Mal als Premier – bis zu seinem plötzlichen Tod 1987.

Bevölkerung

Die Bajans sind zum großen Teil Nachfahren von westafrikanischen Sklaven. Zwischen 1640 und 1804 wurden ca. 387 000 Afrikaner auf die Insel verschleppt, viele wurden von hier aus zu anderen westindischen Inseln oder nach Nordamerika weitertransportiert. Im Gegensatz zu anderen karibischen Inseln ging auf Barbados der afrikanische Einfluss schon bald zurück, 1817 waren nur noch sieben Prozent der Sklaven in Afrika geboren. Auf Jamaika waren es zur gleichen Zeit 36 und auf Trinidad 44 Prozent. Ein afrikanischer Geheimkult wie Voodoo fehlt hier vollständig. Nichtsdestoweniger spiegeln *Tuk Bands*, eine große Zahl an Sprichwörtern oder Speisen wie *Coucou* das Überleben afrikanischen Kulturguts wider.

Von 260 500 Bajans leben über 55 Prozent im Süden der Insel, d.h. in den Gemeinden St. Michael, zu der auch die Hauptstadt Bridgetown gehört, und Christ Church. Rund 92 Prozent sind schwarz, knapp vier Prozent Mulatten, drei Prozent weiß. Ein knappes Prozent setzt sich aus verschiedenen Rassen zusammen.

Bildungswesen

Seit der Unabhängigkeit 1966 investiert die Regierung mehr als 20 Prozent der Einnahmen in die Bildung, was nicht nur für karibische Verhältnisse überdurch-, schnittlich viel ist. Da bis zum Alter von 16 Jahren allgemeine Schulpflicht besteht, sind mehr als 97 Prozent der Bevölkerung des Lesens und Schreibens kundig. Das Schulsystem umfasst Grund- und höhere Schulen, die mit dem allgemeinen Abschlusszeugnis enden. Neben den staatlichen Schulen gibt es eine Reihe anerkannter privater Grund- und weiterführender Schulen, eine Hotelfachschule sowie verschiedene Fakultäten der University of the West Indies.

Calypso

Barbados swingt im Calypsorhythmus. Neben Trinidad ist die Insel eine Hochburg dieser Musikrichtung, die auf westafrikanische Rhythmen zurückgeht. In Europa wurde Calypso in den fünfziger Jahren zu einem beliebten Modetanz und Harry Belafontes »Bananaboat« ein Ohrwurm. Calypso ist immer noch eine lebendige Musik und gleichzeitig Ausdruck der politischen Volksmeinung, verbunden mit Satire, Spott und Klatsch. Jedes Jahr wird auf dem *Crop Over Festival* der *King of Calypso* gewählt – ein nationales Ereignis.

Die Tanzweise erscheint zunächst ungewohnt. Die Tanzpartner stehen auf Tuchfühlung hintereinander, die Frau vor dem Mann. Die Becken beginnen zu kreisen, finden den Rhythmus, und die Körpermitte gerät allmählich in Wallung. Schnell bilden sich lange Reihen von Tänzern. So zu tanzen gilt keineswegs als unschicklich, sondern ist völlig normal. Dafür wird man knutschende Pärchen in der Öffentlichkeit kaum antreffen.

Soca ist auch eine Art Calypso, aber im Unterschied zum »reinen« Calypso weniger politischen und sozialen Inhalts, dafür ist er noch mehr auf Rhythmus

STICHWORTE

abgestimmt, sozusagen die Diskovariante von Calypso. Soca entstand um 1970.

Ebenfalls populär sind Steelbands. Vor allem in Hotels werden neben Calypso-Rhythmen auch internationale Hits auf den Trommeln aus Ölfässern gespielt.

Chattel house

Zur Entstehung der kleinen, bunten Holzhäuser, die zum typischen Inselbild gehören, trugen historische Bedingungen und Einfallsreichtum bei. Nach der Sklavenbefreiung 1838 befand sich das meiste Land weiterhin in den Händen der Pflanzer. Seit 1840 war es den Schwarzen aber erlaubt, bescheidene Häuser für eine geringe Miete auf wenig ertragreichen Teilen der Plantagen zu errichten. Der Plantagenbesitzer behielt allerdings das Vorrecht, unliebsame Bewohner innerhalb kürzester Zeit von seinem Land zu vertreiben. Die Häuser mussten also bewegliches Eigentum sein, *chattel*. Aus Holz gebaut, können sie, in Teile zerlegt, an einem einzigen Tag auf Ochsenkarren, heute mit Traktoren, an einen neuen Standort transportiert werden.

Die Fassade ist immer symmetrisch. Die Türe in der Mitte wird flankiert von je einem Fenster. Größe und Ausschmückung spiegeln die finanzielle Lage und die Fertigkeiten ihrer Besitzer wider. Das Kernhaus besteht aus einer Einheit mit zwei Zimmern unter einem Giebeldach. Ein zweites und auch drittes Element mit separaten Dächern kann nach Bedarf angebaut werden. Häufig sieht man zwei Spitzdächer hinter- oder nebeneinander, an die sich noch ein Schuppen mit flachem Dach, in dem die Küche untergebracht ist, anschließt. Die Häuser stehen auf lose aufgetürmten Steinen, das traditionelle Holzschindeldach wurde meist durch Wellblech ersetzt.

Das *chattel house* als Wohnsitz tritt heute immer mehr in den Hintergrund. Viele der alten Häuser werden jedoch liebevoll gepflegt, andere in Boutiquen umgewandelt. Und für den Tourismus entstehen auch neue, zum Teil ganze Dörfer, *Villages*.

Fauna

Ein artenreiches Tierparadies ist Barbados nicht gerade. Außer den Haustieren, die während der Kolonialzeit auf die Insel kamen, sind hier vor allem die Grünen Meerkatzen heimisch geworden. Ebenfalls importierte Mungos (marderähnliche Schleichkatzen) sollten einst den Schlangen an den Kragen gehen. Heute sind die Reptilien ausgerottet, die Mungos dafür weit verbreitet. Verschiedene Eidechsen- und Fledermausarten leben auf der Insel sowie 24 Vogelarten. Weitere 18 legen hier im Winter einen Zwischenstopp ein, früher waren es mehr. *Blackbird* (Quiscalus lugubris), *Wood Dove* (Zenaida aurita), Spatzen (Loxigilla noctis), *Yellow breast* (Coereba flaveola) und *Doctor Booby* sieht man am häufigsten. An Küsten trifft man auf Fregattvögel, die jedoch nicht heimisch sind. Reiher sind auf den Äckern zu sehen, vor allem auf Zuckerrohrfeldern.

Es gibt nur eine einzige Froschart, den braunen, gerade einmal zwei Zentimeter großen *whistling frog*. In der Nacht erklingt sein »coqui« im Duett mit dem Zirpen der Grillen.

Achtung! Vom Manchineel Tree tropft bei Regen eine ätzende Flüssigkeit

Flora

Mit ca. 700 Blumenarten ist die Flora im Vergleich zu anderen karibischen Inseln eher bescheiden. Sie ist jedoch keineswegs karg. Vor allem die Vielfalt an herrlichen Baumarten begeistert. Vom bärtigen *Feigenbaum* (Ficus citrifolia) gibt es allerdings bei weitem nicht mehr so viele wie zu der Zeit, als die Portugiesen die Insel nach ihm benannten. Leicht an seinen herabhängenden Luftwurzeln zu erkennen, ist er noch an einer Reihe von Orten zu finden. Besonders schöne Exemplare wachsen im Welchman Hall Gully, rund ums Codrington College und in den Andromeda Gardens.

Palmen gehören zu einer Karibikinsel genauso wie Strand und Sonne. Außer Kokos- und Königspalmen ist auf Barbados die ihnen sehr ähnlich sehende *Cabbage Palm*, Kohlpalme, verbreitet. Sie entfaltet ihre Wedel zuweilen in mehr als 40 m Höhe und ragt damit noch über die bis zu gut 30 m hohen Königspalmen hinaus. Bewundern kann man diese Bäume u.a. in der imposanten Palmenallee vor dem Codrington College.

An Stränden weit verbreitet sind die Baumarten *Casuarina*, auch *mile tree* genannt, und *Manchineel*. Während die ersteren mit ihren feinen, nadelähnlichen Blättern völlig harmlos sind, ist beim Manchineel Vorsicht geboten. Seine kleinen grünen und runden Früchte sind extrem giftig. Ferner produziert der Baum einen weißen Saft, der Verätzungen auf der Haut hervorruft.

Mahagonibäume wurden vor rund 250 Jahren eingeführt, aus ihrem Holz entstanden viele schöne Möbel für die Plantagenhäuser. Heute sind die Bestände eher dünn. Wenigstens eine Mahagoniallee blieb am Cherry Tree Hill erhalten.

STICHWORTE

Der Baum mit dem seltsamsten Aussehen heißt *Frangipani* (Plumeria rubra). Er ist nicht sehr hoch und hat weit verzweigte Äste. Nachdem er seine Blätter in der Trockenzeit abgeworfen hat, beginnt er üppig orangerot, rosa und weiß zu blühen. Anders der *Flamboyant*. Dieser wartet bis zum feuchteren Sommer, bis sich seine flammend rote Blütenpracht entfaltet. Im Winter ist er kahl, bis auf die herabhängenden langen, dunklen Schoten. Der große *Silk Cotton* mit seinen mächtigen Brettwurzeln verdankt seinen Namen dem baumwollähnlichen Material, das in den Früchten enthalten ist. Am Straßenrand sieht man häufig mächtige Brotfruchtbäume mit großen, dunkelgrünen Blättern.

Unter den heimischen Obstbäumen verdient die *Barbadoskirsche* besondere Aufmerksamkeit. Ihre Früchte weisen einen hohen Vitamin-C-Gehalt auf. Sie werden gern auch zu Marmelade und Getränken verarbeitet.

Flying Fish

Der Fliegende Fisch ist im ganzen karibischen Raum verbreitet. Doch nur auf Barbados spielt er in der Fischerei und auf den Speisekarten eine große Rolle. Er ist ein Schwarmfisch und wird von Dezember bis Juni mit Netzen gefangen. Er kann mehr als 20 Sekunden mit einer Geschwindigkeit von 55 km/h durch die Luft segeln. Dabei benutzt er die Schwanzflosse als Propeller und die vier Seitenflossen für den Gleitflug als Flügel.

Geografie und Geologie

Barbados ist die östlichste der karibischen Inseln, gehört zu den Kleinen Antillen und liegt nur 13 Grad nördlich des Äquators. Sie ist 34 km lang, maximal 22,5 km breit und mit 431 qkm nur wenig größer als die Freie Hansestadt Bremen.

Vor ungefähr 600 000 Jahren haben sich die ältesten Teile der Koralleninsel aus der See erhoben. Die vulkanischen Schwesterinseln sind dagegen mit rund 50 Millionen Jahren sehr viel älter. Die korallene Kalksteinschicht hat eine durchschnittliche Dicke von 65 m und bedeckt rund 85 Prozent der Insel.

Unterirdisch gleicht die Insel einem Schweizer Käse. Regenwasser sammelt sich in unterirdischen Bächen und Höhlen. Nur im Scotland District ging die Korallengesteinsschicht verloren, und tiefer liegendes ozeanisches Gestein tritt zutage.

Kolonialzeit

Kolumbus hat die flache Insel vermutlich glatt übersehen, oder sie schien ihm zu uninteressant. Ihren Namen bekam sie von vorüberfahrenden Portugiesen. Die Engländer waren die ersten Weißen, die im Jahr 1625 die Insel betraten. Zwei Jahre später kamen die ersten Siedler. In den frühen Jahren wuchs die Kolonie kaum. Eine sehr gemischte Gesellschaft aus Glücksrittern, Ausgestoßenen und politischen Flüchtlingen suchte hier ein neues Glück.

In den vierziger Jahren des 17. Jhs. begann der Zuckerrohranbau und machte Barbados zum ersten britischen Besitz, der große Mengen Zucker nach England lieferte. Der wirtschaftliche Aufstieg der Insel setzte ein. Für die Feldarbeit wurden mehr und mehr Arbeitskräfte gebraucht. Schon bald war die Verschleppung von Sklaven aus Westafrika organisiert, der Sklavenhandel blühte. Zu dieser Zeit wich wohl der meiste Wald, der die Insel einst ganz bedeckt hatte, den Plantagen. Sklaven, die ihrem Elend entfliehen wollten, hatten es auf der übersichtlichen, flachen Insel schwer, sich zu verstecken. Und die nächste Insel lag 150 km entfernt! Zwar gab es auch auf Barbados Aufstände, sie wurden jedoch ausnahmslos niedergeschlagen.

Das 18. Jh. brachte allmähliche Veränderungen. So bekamen Mischlingskinder von Weißen und Schwarzen gewisse Freiheiten zugebilligt. Und die Französische Revolution, die auch hier die Diskussion über die Menschenrechte in Gang setzte, brachte die Gesellschaft der Sklavenhalter schließlich ins Wanken. 1807 beschloss die britische Regierung die Abschaffung des Sklavenhandels. Doch erst 1834 erfolgte die nominelle Freilassung der Sklaven und noch einmal vier Jahre später die tatsächliche. Bis dahin hatten die Schwarzen eine Art »Lehrzeit« bei ihren alten Herren zu absolvieren. Erst danach durften sie deren Land verlassen. Um dies trotz der neuen Freiheiten zu verhindern, wurden spezielle Gesetze erlassen. Gearbeitet werden musste wie in alten Sklavenzeiten, als Gegenleistung durften die Schwarzen ein winziges Stück Land pachten, es bebauen und bewohnen. Eine Kündigung führte auch zum Verlust des Heimes. Das System funktionierte, und die Wirtschaft wuchs. Eine Krise trat erst ein, als viele Schwarze die Insel verließen, um zum Beispiel beim Bau des Panamakanals mehr Geld zu verdienen. Sie unterstützten die zurückgebliebenen Familien, und so waren Schwarze erstmals in der Lage, Land zu kaufen. Da der Zuckerpreis auf dem Weltmarkt fiel, wurden viele Plantagenbesitzer zum Verkauf gezwungen.

In den zwanziger Jahren rief Marcus Garvey, ein schwarzer Jamaikaner, alle Schwarzen zur Auflehnung gegen die Unterdrückung auf. Das politische und soziale Selbstbewusstsein der Schwarzen nahm zu. Dreitägige Unruhen 1937 leiteten schließlich umfassende politische Veränderungen ein, die 1938 zur Gründung der Barbados Labour Party (BLP) führten. Ihr Anführer Grantley Adams trat für die gewerkschaftlichen Rechte der Arbeiter ein. Ein souveräner Staat wurde Barbados aber erst 1966, nachdem eine Foderation mit den westindischen Inseln Trinidad/Tobago und Jamaika 1962 endgültig gescheitert war.

Kricket

Im 16. Jh. in England entstanden, ist Kricket noch heute eine der beliebtesten Sportarten im Sprachraum des Commonwealth. Die *Westindies* gehören zu den führenden Mannschaften weltweit. Besonders Jamaika, Trinidad und Barbados bringen immer wieder legendäre Spieler hervor. So ziert der Barbadianer Frank Worrel, von der Queen 1964 in den Adelsstand erhoben, heute die Fünf-Dollar-Noten seines Landes.

Kricket ist ein Ballsport und wird von zwei Mannschaften mit je elf Spielern gespielt, einer Schlag- und einer Fangpartei. Die

STICHWORTE

Schlagpartei besteht aus zwei Schlägern vor den Krickettoren und weiteren neun Spielern, die die Schläger ablösen. Die Fangpartei besteht aus einem Werfer, einem Torwächter und neun Feldspielern. Die Schlagpartei übernimmt die Verteidigung der Tore. Nur sie kann Punkte erzielen. Der Schlagmann *(batsman)* versucht, den auf sein Tor geworfenen Ball weit ins Feld zu schlagen, um mit dem Schlagmann am gegenüberliegenden Tor möglichst oft den Platz zu tauschen. Jeder *run* ergibt einen Punkt. Der Werfer *(bowler)* der Fangpartei darf sechs Bälle auf das gegnerische Tor werfen, dann wird er abgelöst. Der Fänger hinter dem Tor und die neun Feldspieler versuchen, durch Würfe auf das Tor die Schläger der Gegenpartei »auszuschlagen«. Eine Runde ist beendet, wenn zehn *batsmen* ausgeschlagen sind, dann wechseln die Parteien.

Die mehrtägigen, als nationale Feste zelebrierten Länderspiele finden gewöhnlich zwischen Januar und April statt, Vereinsspiele in den übrigen Monaten.

Landwirtschaft

Früher waren Tabak, Baumwolle und Zuckerrohr die traditionellen Exportgüter. Heute werden vor allem Baumwolle und Zucker exportiert, aber auch Schnittblumen, Kirschen, Papayas und andere Früchte. Für den Verbrauch im Land selbst werden Bananen, Brotfrucht, Zitrusfrüchte, Mangos, Mais, Yams, Süßkartoffeln, *Sweet* und *Hot Pepper* (süße und scharfe Paprikaschoten) und anderes Saisongemüse sowie Obst angebaut. Mit dem Anstieg des Tourismus

Ein weiterer Immigrant aus Afrika, die Grüne Meerkatze

nimmt die Bedeutung der Landwirtschaft jedoch weiter ab. Vor allem die Anbauflächen für Zuckerrohr werden ständig verringert.

Meerkatzen

Zoologisch gesehen sind die auf Barbados seit rund 350 Jahren heimischen Affen Meerkatzen (Cercopithecus aethiops sabaeus), noch genauer Grüne Meerkatzen. Sie kamen mit den Sklavenschiffen aus Afrika. Inzwischen unterscheidet sich die karibische Meerkatze von ihrer afrikanischen Schwester. So trägt ihr Gesicht mehr hundeähnliche Züge. Schätzungsweise 5000 bis 8000 Tiere leben in Gruppen von durchschnittlich 15 Artgenossen, die von einem »Alpha-Männchen« angeführt werden. Sie plündern mit Vorliebe Felder und Gärten, und zeitweise vermehren sie sich so stark, dass sie in der Landwirtschaft beträchtlichen Schaden anrichten. Von betroffenen Bauern wurde eine Selbsthilfeorganisation, *Monkey Damage Crop Control,* ins Leben gerufen, um ein weiteres Anwachsen der Population zu verhindern.

Mit etwas Glück bekommt man die possierlichen Affen auf ihren Streifzügen zu Gesicht. Die Chancen stehen gut im Welchman Hall Gully. Und wer auf Nummer Sicher gehen will, der findet sie im Barbados Wildlife Refuge.

Politik

1639 konstituierte sich das erste Parlament, das damit als das drittälteste im englischsprachigen Raum gilt. 1645 wurde die Insel in elf *parishes*, Gemeinden, eingeteilt, die noch heute bestehen. Es sind: St. Michael, Christ Church, St. Philip, St. John, St. George, St. Joseph, St. Andrew, St. Peter, St. Lucy, St. James und St. Thomas.

Das politische Wahlrecht war jahrhundertelang an den Besitz von Land geknüpft und damit eine Angelegenheit von nur wenigen. Erst 1831 erhielten wirklich alle, auch die farbige Bevölkerung, das Wahlrecht.

Die erste politische Partei nach modernem Vorbild wurde 1938 gegründet. Die Barbados Labour Party (BLP) bestimmte die Politik bis 1961 und wurde von Grantley (später Sir) Adams angeführt. Die Unabhängigkeit von England erfolgte am 30. November 1966 unter Premier Errol Walton Barrow von der Democratic Labour Party (DLP), die sich 1955 konstituiert hatte. Barbados hat als Mitglied des Commonwealth noch immer Königin Elizabeth II. als Staatsoberhaupt, vertreten durch Generalgouverneur Sir Hugh Springer. Das Parlament setzt sich aus gewählten, das Oberhaus aus ernannten Repräsentanten zusammen. Gewählt wird alle fünf Jahre. 1976 und 1981 konnte die BLP die Wahlen für sich entscheiden. 1986 kehrte Barrow an die Macht zurück. Seine Partei wurde 1994 erneut von der BLP unter Owen Arthur abgelöst, die auch 1999 wieder gewählt wurde.

Religion

Die Bajans gehören überwiegend dem anglikanischen Glauben an. Ferner existieren mehr als 100 weitere Konfessionen und Sekten, darunter Methodisten, Moravier (Herrnhuter Brüdergemeine), Katholiken, *Pentecostal churches* (Pfingstbewegung), Adventisten vom Siebenten Tag und spirituelle Baptisten. Ihre Anhänger tragen farbige Gewänder und Tücher um den Kopf, was ihnen den Namen *Tie-heads* (»Krawattenköpfe«) einbrachte.

1975 kam die Bewegung der Rastafari von Jamaika nach Barbados. Ihre Anhänger sehen in Haile Selassie, dem verstorbenen Kaiser von Äthiopien, den direkten Nachfahren von König Salomon und verehren ihn als Jah, ihren Gott. Ihre Löwenmähne aus ungeschnittenen und ungekämmten Haaren, *dreadlocks* genannt, ist ihr äußeres Erkennungsmerkmal. Mit der Rückbesinnung auf afrikanische Wurzeln trug die Bewegung wesentlich zur Stärkung des Selbstbewusstseins der schwarzen Bevölkerung nicht nur auf Jamaika bei. Rastafaris ernähren sich weit-

STICHWORTE

gehend vegetarisch, trinken keinen Alkohol und rauchen statt Tabak *ganja* (Marihuana), dessen Genuss allerdings auf Barbados streng verboten ist. Sie betätigen sich vor allem als Kunsthandwerker und Künstler; als fliegende Händler bieten sie schmackhafte Snacks an. Sie sammeln und verkaufen Naturheilkräuter oder leben zurückgezogen als Bauern.

Sprache

Amtssprache ist Englisch. Gesprochen wird aber meist ein auf Englisch basierender kreolischer Dialekt. Auch wenn man selbst nicht jedes Wort mitbekommt, so geben sich die Bajans umgekehrt große Mühe, unser Englisch zu verstehen, und bei Sprachschwierigkeiten versuchen sie, ein möglichst korrektes Englisch zu sprechen. Unterschiede zum Oxford-Englisch liegen zum Beispiel in der Betonung der zweiten statt der ersten Silbe und in der Satzstellung. »th« wird »t« oder »d« ausgesprochen, »three« klingt also wie »tree«, »them« hört sich an wie »dem«. Im Vergleich zu anderen englischsprachigen Karibikinseln enthält der Wortschatz der Bajans weniger Worte afrikanischen Ursprungs. *Warri*, ein Brettspiel, *Coucou*, eine Speise, und *Okra*, ein Gemüse, kommen jedoch aus dem Afrikanischen.

Ureinwohner

Arawakindianer und Kariben hatten Barbados schon vor der Ankunft der ersten Siedler 1627 verlassen. Lediglich archäologische Funde weisen auf eine frühere Besiedlung durch diese beiden sich feindlich gesinnten Stämme hin.

Wirtschaft

Der Tourismus hat der Landwirtschaft als wichtigste Einnahmequelle den Rang abgelaufen. Über 12 000 Betten in rund 140 Anlagen aller Kategorien, dazu eine große Zahl an Kreuzfahrern sichern rund 20 000 Beschäftigten den Arbeitsplatz. In der Landwirtschaft gibt noch das Hauptanbauprodukt Zuckerrohr, aus dem Zucker und Nebenprodukte wie Rum hergestellt werden, den Ton an. Der wachsende Tourismus fordert jedoch eine fortschreitende Diversifizierung: Gemüse und Obst werden verstärkt angebaut, Geflügel und Fleisch vermehrt produziert. Der Baumwollanbau spielt weiter eine wichtige Rolle. Einen bedeutenden Wirtschaftssektor stellt die Fischindustrie mit den Zentren Bridgetown und Oistins dar. Zu den wichtigsten Fischsorten gehören der *Dolphin* und *Flying Fish*.

Barbados ist eine von nur vier karibischen Inseln, die über nennenswerte Ölvorkommen verfügt. Außerdem sind reiche Erdgasvorkommen vorhanden, die es ermöglichen, ein Drittel des Eigenbedarfs zu decken. Die Industrie umfasst vor allem die Fertigung von Bekleidung, Möbeln sowie Elektronikbauteilen und medizinischen Artikeln. Nicht unerheblich sind die Einkommen aus so genannten *offshore services*, das sind Dienstleistungen für ausländische Firmen. Alles in allem steht die barbadianische Wirtschaft für karibische Verhältnisse gut da. Trotzdem und trotz eines hohen Bildungsniveaus herrscht hohe Arbeitslosigkeit, über 20 Prozent der Bevölkerung suchen einen Job.

ESSEN & TRINKEN

Brunch auf bajanisch

*Fliegender Fisch und gefülltes Hähnchen,
dazu Makkaroniauflauf oder gebratene Bananen
und zum Dessert ein Stück Kokoskuchen*

Zu einem Festessen auf Barbados gehören Fisch und Fleisch und dazu eine Reihe von Beilagen. Alles kommt gleichzeitig auf den Tisch. So wundert es nicht, dass immer, wenn bajanische Spezialitäten angekündigt werden, den Gast üppige Buffets erwarten. Sei es im Hotel, bei Folkloreveranstaltungen oder beim sonntäglichen Brunch im Ausflugslokal.

Gebratene Hähnchen und *Flying Fish* stehen bei einem typisch bajanischen Buffet immer im Zentrum. Mit Kräutern gefüllt sind sie noch schmackhafter. Mit etwas Glück können Sie einen originalen *Pepperpot* probieren. Für diese Art Eintopf wandern verschiedene Fleischsorten zusammen in den Topf. Er wird desto besser, je häufiger er aufgewärmt wird. Als Beigerichte werden je nach Saison *fried plantain*, gebratene Bananen, *fried breadfruit*, gebratene Brotfrucht, die karibische Variante der Pommes frites, *pickled breadfruit*, sauer eingelegte Brotfrucht, gebackene und kandierte Süßkartoffeln (etwas mehliger und süßer als unsere Speisekartoffeln), *pumpkin fritters*, frittierter Kürbis, gereicht. Klassische Beilagen, die fast immer angeboten werden, sind Reis, Makkaroniauflauf und Kartoffelsalat.

Cakes sind Köstlichkeiten, die auch gerne zum Cocktailempfang gereicht werden. Gemeint sind in diesem Fall aber keine süßen Kuchen, sondern in schwimmendem Fett gebratene Bällchen. Mit Fischgeschmack heißen sie *fish cakes*, wenn Spinat dabei ist, *spinach cakes* und so weiter. Dazu sollte eine süßsaure, scharfe oder eine Remouladensauce nicht fehlen. Süße Kuchen runden ein gutes Buffet ab. Egal, ob Kokos- oder Käsekuchen, die Bajans verstehen sie zu backen.

Nicht jedermanns Geschmack trifft *pudding and souse*, ein deftiges Sonntagsgericht, das entweder direkt von der Hausfrau zubereitet oder auf Märkten gekauft wird. Der Pudding besteht aus Süßkartoffeln, die in Därme gefüllt und gedünstet werden. Dazu gibt es gepökeltes und sauer mariniertes Schweinefleisch, gerne werden dazu Köpfe und Füße verarbeitet.

Wer frischen Fisch mag, ist auf Barbados am richtigen Ort und sollte auf keinen Fall Oistins Fishmarket versäumen. Hier

Bald frisch auf dem Tisch, der Fisch

Oistins Fishmarket bietet die ganze Nacht Fischfilets vom Holzkohlegrill

gibt's nicht nur frischen Fisch zu kaufen. Jeden Abend werden dicke Filets auf Holzkohlegrills gebraten und sogleich verzehrt – ein preiswertes und schmackhaftes Abendessen. Auch an der Baxter Street in Bridgetown und vor den Clubs in St. Lawrence Gap wird nächtens gebrutzelt.

Auf Barbados ist Fisch nicht knapp. Durch die exponierte Lage der Insel weit draußen im Meer gehen genug Hochseefische ins Netz. Eine Besonderheit stellt der Fliegende Fisch dar. Er ist in der ganzen Karibik, überhaupt in allen Weltmeeren zu Hause. Doch nur auf Barbados wird er in großem Maßstab gefangen und verspeist. Gedämpfter *Flying Fish* mit *Coucou*, einem Kartoffelpüree ähnlichen Brei aus Maismehl und dem Gemüse Okra, ist ein Nationalgericht. Für die Herstellung eines schmackhaften Coucou braucht es allerdings die Fertigkeiten einer bajanischen Hausfrau. So findet man das Gericht selten auf Speisekarten. Gebratener Flying Fish wird dagegen fast überall angeboten: als Sandwich mit einem Schuss höllisch scharfer *Hot Pepper Sauce*, ein idealer Snack für zwischendurch. Andere bevorzugte Fische sind *Dolphin* und *Kingfish*, beides delikate Hochseefische.

Probieren Sie die Zubereitungsart *blackened*: Das Fleisch wird in Kräutern mariniert und dann scharf angebraten. *Red Snapper* und *Marlin* sind zwei weitere schmackhafte Fischarten, die Sie auf der Karte finden können. Fragen Sie nach dem Tagesangebot! *Lobster* und *Crab* kommen ebenfalls frisch auf den Tisch, werden aber nicht vor den Küsten von Barbados gefangen, sondern in den Gewässern der benachbarten Grenadinen.

Die Bajans besuchen Restaurants nicht sehr oft, dazu braucht es schon einen besonderen Anlass. Weit verbreitet und hoch geschätzt sind dagegen sonntägliche Picknicks, zu denen vielerlei Köstlichkeiten mitgenommen werden. Am Sonntag verabredet man sich auch einmal zu einem der Brunchbuffets. Wer in der Stadt arbeitet, verbindet den Lunch – wie bei uns – schon einmal mit einem Kollegenplausch. Oder bescheidet sich mit einem *Roti*, einer gefüllten Teigtasche

ESSEN & TRINKEN

indischer Herkunft. Auf Fast Food muss nicht verzichtet werden. Doch Burger üben auf Bajans keine magische Verführungskraft aus. So musste die berühmteste aller Schnellimbissketten nach kurzer Zeit wieder die Segel streichen. *Chefette* besitzt auf der Insel die meisten Filialen. Zu deren Menü gehört durchaus auch bajanische Hausmannskost. Das Salatbuffet ist ebenfalls ganz ordentlich.

Das Angebot an Restaurants ist weit gefächert. Für den kleinen Hunger empfiehlt sich der Besuch einer der Bars am Strand. Neben echt karibischem Flair stehen Sandwiches, Pizza, Salate usw. auf der Karte und natürlich Flying Fish. Hier sind auch alle die bestens aufgehoben, die keine Lust auf irgendwelche *dress codes* haben und am Abend lieber ihre Shorts anbehalten wollen. Die Beachbars sind auch der richtige Ort, um sich einen *Sundowner* zu gönnen: *Happy Hour* heißt das Zauberwort, das die Gäste an die Theken strömen lässt. Apropos: Viele Bars vor allem in St. Lawrence Gap rufen zwei-, manche sogar dreimal eine Happy Hour aus. Die erste liegt nicht selten am Vormittag, die zweite zur gewohnten Stunde um den Sonnenuntergang und die dritte, bevor das Nachtleben richtig in die Gänge kommt, also zwischen Dinner und 23 Uhr.

Die Geschmackspalette der zahlreichen guten Restaurants reicht von italienisch, mexikanisch über österreichisch bis hin zu einer Mischung aus dem Besten verschiedener nationaler Küchen. Und immer sind die Gerichte aus frischen lokalen Zutaten zubereitet. Das obere Ende der Skala markiert zur Zeit das *Cliff* (in *Derricks, St. James*). Hier stimmt alles: die Speisen, der Rahmen, der Service. Es gibt so viele gute Restaurants, manche liegen traumhaft schön direkt am Meer, dass ein Urlaub nicht ausreicht, um auch nur annähernd jedes auszuprobieren.

Neben den internationalen Getränken, die in jeder Bar und jedem Hotel ausgeschenkt werden, lohnt es, auch einheimische Produkte zu probieren. So schmeckt das lokale Bier *Banks* hervorragend und ist zudem viel preiswerter als die importierten Sorten. Auch die Biere der karibischen Nachbarn wie *Red Stripe* aus Jamaika und *Carib* aus Trinidad sind zu empfehlen.

Der klassische Cocktail auf der Ruminsel ist der *rum punch*. Eine Farbe wie die untergehende Sonne, süß, aber nicht klebrig, und ein wenig würzig im Abgang – so muss er schmecken. Starten Sie einen Vergleichstest, und Sie werden herausfinden, dass es große Qualitätsunterschiede gibt. Schleckermäuler schätzen die cremige Variante des Rumlikörs *Crisma*, der ähnlich wie Baileys schmeckt und wie dieser auch auf Eis getrunken werden kann. Ein anderer typischer Likör, *Falernum*, wird aus Zuckerrohr hergestellt. Gemixt mit Limonensaft und Zucker findet er in vielen exotischen Cocktails Verwendung.

Natürlich gibt's Rum auch pur und in verschiedenen Qualitäten. Je älter er ist, umso weicher rinnt er den Gaumen hinunter. Besuchen Sie einen der *Rum shops*, um ihn in authentischer Atmosphäre zu genießen. Die Bajans werden sich über Ihren Besuch freuen.

EINKAUFEN & SOUVENIRS

Kühle Drinks aus tönernen Monkeys

Töpferwaren wurden schon in der Sklavenzeit hergestellt, heute sind sie schöne und traditionelle Mitbringsel

Die Fertigung von Töpferwaren hat auf Barbados Tradition. Zunächst waren es Gefäße für die Zuckerindustrie. Man brauchte Krüge zum Auffangen der Melasse. Die wurden von weiblichen Sklaven hergestellt. Seit dem 19. Jh. ist die Fertigung und der Verkauf von vielfältigen Töpferwaren belegt. Ein wichtiges Zentrum der Töpferei war und ist *Chalky Mount* im Scotland District. Die dort in Familienbetrieben hergestellten Waren haben schlichte Muster. Das bekannteste Gefäß ist der *monkey*, ein verschließbarer Wasserkrug mit spitzem Ausguss und einem großen Henkel. Die Töpferei *Earthworks* im Westen der Insel stellt modischere Gefäße mit schönen Mustern und Farben her.

Auf Kunsthandwerk wie Schnitzereien, Schmuck, Lederwaren haben sich die Rastafaris spezialisiert. Ihre Produkte kann man auf dem *Rasta Market* in Bridgetown oder bei Volksfesten erwerben. Auch im *Pelican Village*, in der Nähe des Hafens und im *Chattel Village* in Holetown, findet sich eine große Auswahl an Kunsthandwerk. In den Läden der Kette *Best-of-Barbados* lassen sich neben kitschigen Souvenirs auch interessante Mitbringsel entdecken, u. a. führen sie ein gutes Sortiment an englischsprachiger Literatur über Fauna, Flora und die Geschichte der Insel. Die zahlreichen *Duty-free-Läden* bieten das karibikweit nahezu identische Angebot an Kosmetika, Alkoholika, Sonnenbrillen und Schmuck. Einige Galerien verkaufen Werke einheimischer Künstler. Ihre Bilder sind farbenfrohe Impressionen der tropischen Landschaft mit typischen Motiven wie dem *chattel house*.

Am Strand bieten fliegende Händler Strandtücher, T-Shirts, Sonnenhüte aus geflochtenen Palmblättern, Schmuck und vieles mehr an. Mit ein wenig scharfer Hot Pepper Sauce und einer Flasche Rum können Sie sich zu Hause die Erinnerung an Barbados noch eine Weile auf der Zunge zergehen lassen.

Die Geschäfte sind wochentags Mo–Fr 8–16, manchmal bis 17, Sa 8–13 Uhr geöffnet, große Supermärkte bis 21 oder 22 Uhr. Die Sonntags- und Feiertagsruhe wird streng eingehalten.

Chalky Mount, ein Töpfereizentrum

KALENDER

Jump up

Wenn die Bajans feiern, dann ist »All Day Party«. Beim Crop Over ist die ganze Insel auf den Beinen, tanzt und singt: »Jump & Raise Up Yuh Hands«

Ob traditionelle Feste wie das Oistins Fish oder das Crop Over Festival, hohe religiöse Feiertage wie Weihnachten und Karfreitag oder politische Gedenktage – die Bajans verstehen es, Feste zu feiern. Zu den elf offiziellen Feiertagen – wenn einer auf einen Sonntag fällt, wird am folgenden Montag nachgefeiert – kommt eine Reihe von mehrtägigen, sogar mehrwöchigen Festivals.

Den absoluten Höhepunkt bildet das Crop Over Festival im Juli/August, wenn farbenprächtig und mit karnevalistischem Treiben der Abschluss der Zuckerrohrernte gefeiert wird. Musik und Tanz sind dabei die wichtigsten Zutaten – wie bei allen anderen Festen auch.

Während der mehrstündigen Gottesdienste an den hohen kirchlichen Feiertagen wird ausgiebig gesungen, Tamburin geschlagen und auch, je nach Religionsgemeinschaft, getanzt. Und jeder Sonntag ist für die religiösen Bajans ein kleiner Feiertag. Zum Kirchgang, dem Höhepunkt des Tages, kleiden sie sich, als wären sie zu einer großen Party eingeladen: die Damen im Kostüm oder eleganten Kleid, mit Stöckelschuhen und Hüten, die Mädchen im Tüllkleidchen mit bunten Spangen in den Haaren, die Herren im dunklen Anzug, natürlich mit Krawatte.

Reggae, Soca und vor allem Calypso geben bei jedem Fest den Rhythmus an – einige der Songs schaffen es in schöner Regelmäßigkeit, zu Ohrwürmern zu werden. Jedes Jahr nach dem Karneval schwappen von Trinidad neue Hits herüber. Manchmal gelingt aber auch bajanischen Künstlern ein karibikweiter Erfolg. Und schon bald summt jedes Schulkind, jede Verkäuferin die Melodien: Abends werden die DJs in den Clubs nicht müde, sie immer und immer wieder zu spielen. Live-Bands halten sich mit ihren Interpretationen nicht zurück. Beim Congerline Carneval im April/Mai wird eine karibische Version unserer Polonaise zelebriert. Beim Crop Over dann gerät die ganze Insel außer Rand und Band. Selbst Tanzmuffel werden ihren Widerstand schnell aufgeben, so viel Fröhlichkeit und Lockerheit ist einfach ansteckend.

Die ganze Insel tanzt. Die farbenprächtige Kostümparade am Kadooment Day ist der Höhepunkt des Crop Over Festivals

MARCO POLO TIPPS FÜR VERANSTALTUNGEN

1 Oistins Fish Festival
Zu Ostern dreht sich alles um den Fisch und um das Vergnügen (Seite 30)

2 Crop Over Festival
Ein Erntedankfest mit Paraden und der Wahl des King of Calypso (Seite 31)

OFFIZIELLE FEIERTAGE

1. Januar: *New Year's Day*
Karfreitag: *Good Friday*
Ostermontag: *Easter Monday*
28. April: *Heroes Day* (Tag der Nationalhelden)
1. Mai: *Labour Day* (Tag der Arbeit)
Pfingstmontag: *Whit Monday*
Montag nach Pfingsten: *Whit Monday*
1. August: *Emancipation Day* (Tag der Befreiung)
1. Montag im August: *Kadooment Day* (Höhepunkt des Crop Over Festivals)
30. November: *Independence Day* (Unabhängigkeitstag)
25. Dezember: *Christmas Day*
26. Dezember: *Boxing Day* (2. Weihnachtstag)

VERANSTALTUNGEN

Januar
Beim *Jazz Festival* jazzen an verschiedenen Orten internationale Nachwuchstalente ein Wochenende lang um die Wette.

Februar
Der 17. Februar, der Tag, an dem 1627 die ersten Siedler auf der Insel landeten, ist Auftakt des einwöchigen (**110/A-B 4**) *Holetown Festival*. Der kleine Ort an der Westküste wird zum Schauplatz von Konzerten, Vorführungen, Straßenparaden und -märkten.

März
Internationale Opernstars sind zu Gast während der *Holder's Opera Season*. Sogar Luciano Pavarotti gibt sich die Ehre.

März/April
★ Am Osterwochenende dreht sich in (**115/F 5**) Oistins beim *Oistins Fish Festival* alles um den Fisch. Bei zahlreichen Wettbewerben stellen die Fischer ihre Fertigkeiten beim Fangen, Entgräten, Zerteilen unter Beweis. Bootsrennen sorgen für zusätzliche Spannung. Ein buntes Rahmenprogramm mit Live-Auftritten der bajanischen Musikstars, Gospelkonzerten und einem Straßenmarkt mit einheimischem Kunstgewerbe und vielen kulinarischen Angeboten sorgt für Vergnügen. Das Fischfest ist ein typisches Fest für die Insel, das am Ostermontag seinen Höhepunkt erreicht.

April/Mai
Zwei Wochen lang treten beim *Congerline Carneval* nationale und internationale Gaststars überwie-

KALENDER

gend aus der Soca- und Calypso-Musikwelt auf zwei unterschiedlichen Festplätzen auf. Am Morgen des 1. Mai setzt sich dann die »Schlange« aus Musikbands und Fußgängergruppen in Bewegung und zieht musizierend und tanzend durch die Straßen von **(114/115)** Bridgetown.

Mai/Juni
Beim *Gospelfest* zu Pfingsten treffen sich allenthalben Gospelgruppen aus den USA, England und der Karibik.

Juli/August
★ Das *Crop Over Festival* ist der Höhepunkt im bajanischen Festkalender. Drei Wochen lang von Mitte Juli bis Anfang August finden kulturelle Veranstaltungen, Musikwettbewerbe, Straßenfeste und Paraden statt. »Crop over«, das Ende der Zuckerrohrernte, war schon immer ein Grund zum Feiern. Das Fest beginnt, wenn das letzte Zuckerrohr zur Mühle gefahren wird. Die feierliche Eröffnungszeremonie findet jedes Jahr an einem anderen Ort statt. Seinen Höhepunkt erreicht das fröhliche Fest am ersten Augustwochenende. Dann wird beim *Pic-O-De-Crop* im Nationalstadion der Calypso-King gewählt. Beim *Bridgetown Market* bieten Hunderte geschmückter Stände auf dem Princess Alice Highway Kunstgewerbe und Kulinarisches an, Musikbands spielen um die Wette. *Cohobblopot* stimmt am Vorabend mit Musik- und Theaterdarbietungen auf den Höhepunkt des Festes ein. Am *Kadooment Day*, dem ersten Montag im August, ist dann die ganze Insel auf den Beinen, um an der großen Kostümparade teilzunehmen oder um einfach mitzufeiern. Der Tag endet mit einem Feuerwerk.

November
Beim *National Independence Festival of the Creative Arts* treten Bajans aller Altersgruppen überall auf der Insel gegeneinander an, um ihr musikalisches, sängerisches, tänzerisches, schauspielerisches oder poetisches Talent unter Beweis zu stellen. Die Abschlussvorführung findet am 30. November, dem Unabhängigkeitstag, statt.

Der bunte Straßenmarkt beim Oistins Fish Festival zu Ostern

DER SÜDEN

Weiße Strände, Wind, Wellen und Nightlife

Die »Riviera« von Barbados bietet gleichermaßen Erholung und Vergnügen, während in der Hauptstadt Bridgetown das geschäftliche Leben pulsiert

Das Meer schimmert am Ufer türkis, ändert seine Farbe mit zunehmender Entfernung, wird immer intensiver, bis es am Horizont tiefblau mit dem Himmel verschmilzt. Aufgebauschte, schneeweiße Wolken segeln vorüber, und Surfer lassen sich vom steten Wind die bunten Segel füllen, sausen und springen über die Wellen. Die Strände sind gepolstert mit weichem, weißem Sand. Casuarinen mit ihrem lichten grünen

Das Parlament in Bridgetown

Hotel- und Restaurantpreise

Hotels
Kategorie 1: über 200 US$
Kategorie 2: 80 bis 200 US$
Kategorie 3: bis 80 US$
Die Preise gelten für zwei Personen pro Übernachtung im Doppelzimmer ohne Frühstück in der Hochsaison (Dez.–April) bei individueller Buchung. In der Nebensaison können die Preise bis zu 50 Prozent niedriger sein. Einzelzimmer sind nur unwesentlich billiger. Fünf Prozent *government tax* müssen immer addiert werden; manchmal, vor allem bei guten Hotels, kommen noch zehn Prozent *service charge* hinzu.

Restaurants
Kategorie 1: ab 45 Bds$
Kategorie 2: 30 bis 45 Bds$
Kategorie 3: bis 30 Bds$
Die Preise gelten für ein Hauptgericht ohne Getränke und Steuern.

Wichtige Abkürzungen
Bds$	Barbadianischer Dollar
US$	US-Dollar
Ave.	Avenue
Rd.	Road
Str.	Street

Kleid aus weichen, nadelähnlichen Blättern verbreiten ein wenig Schatten, vereinzelt rascheln Palmen im Wind. Leuchtend orange gestrichene Holztürme mit einer Beobachtungsplattform wachen über das quirlige Treiben am Strand.

Beinahe die ganze Südküste ist ein einziger Strand. Mehr oder weniger geschwungene Buchten reihen sich aneinander. Obwohl einander recht ähnlich, hat doch jeder Abschnitt seine spezielle Atmosphäre. Miami Beach bei Oistins ist am Wochenende der Treffpunkt der Bajans, während Sandy oder Dover Beach mehr von Urlaubern bevorzugt werden. Östlich der Südspitze wird die Szenerie wilder, ursprünglicher. Crane Beach und Bottom Bay sind ungezähmte Strände, die Sehnsüchte nach Freiheit und Abenteuer wecken.

Die Südküste, vor allem in ihrem westlichen Teil, ist dicht besiedelt. In den Gemeinden St. Michael (ca. 97 500 Ew.), zu der auch die Hauptstadt Bridgetown gehört, und Christ Church (ca. 47 000 Ew.) lebt über die Hälfte der Bevölkerung. Richtung Süden werden weitere Wohngebiete erschlossen. Zu den traditionellen *chattel houses* aus Holz gesellen sich immer mehr kleine Einfamilienhäuser aus Stein. Sie zeugen von einem bescheidenen Wohlstand. Soziale Gegensätze treten auf Barbados weniger krass zutage als auf anderen karibischen Inseln.

Die Infrastruktur dieses Teils der Insel ist hervorragend. Vom Sir-Grantley-Adams-Flughafen führt ein mehrspuriger Highway nach Bridgetown und leitet in weitem Bogen um die ca. 15 km entfernte Hauptstadt herum. Die Küstenstraße dagegen schlängelt sich zunächst durch locker bebaute, dann durch immer dichter besiedelte Gegenden. Maxwell, Dover, St. Lawrence, Worthing und schließlich Hastings heißen die zusammengewachsenen Ortschaften. Rechts und links der Straße reihen sich kleinere Hotels und Pensionen aneinander,

MARCO POLO TIPPS FÜR DEN SÜDEN

1 Barbados Museum
Alles über Geschichte, Flora, Fauna und Kunst der Insel (Seite 38)

2 Mike's
Kleines, versteckt gelegenes Restaurant am Meer (Seite 45)

3 Oistins Fish Market
Jeden Abend frischer Fisch vom Holzkohlegrill (Seite 45)

4 St. Lawrence Gap
Karibik pur: das Viertel für Nachtschwärmer (Seite 49)

5 Plantation
Farbenprächtige Folklore-Show mit Dinner (Seite 49)

6 Crane Beach
Traumstrand mit leicht rosa Sand, Wellen und Palmen (Seite 52)

DER SÜDEN

dazwischen liegen Restaurants und Läden. Die Südküste erscheint als ein einziger Ferienort, St. Lawrence Gap mit seinen Bars, Restaurants und Nachtclubs als ihr lebendiger Mittelpunkt. Doch es handelt sich nicht um eine künstlich geschaffene Urlaubsenklave, sondern um ein gewachsenes Miteinander. Auch die Bajans gehen gerne an diesem Küstenstreifen aus, schätzen die Beachbars und die herrlichen Strände. Gerade diese Mischung aus karibischer Lebensfreude und touristischem Urlaubsvergnügen macht den Reiz der Südküste aus.

Das Zentrum von Bridgetown beginnt ohne erkennbaren Übergang. Während der Geschäftszeiten ist die Hauptstadt überaus quirlig, werden doch in den Büros hinter den Fassaden die Fäden zahlreicher internationaler Handelsbeziehungen gezogen. Auf der Haupteinkaufsstraße, der Broad Street, flanieren die zahlreichen Besucher. Vor allem Kreuzfahrer strömen jeden Tag in die Duty-free-Shops auf der Suche nach dem ultimativen Schnäppchen und dem schrillsten T-Shirt. Dabei hat die Stadt mehr zu bieten.

Selbst im Stadtkern finden sich nur vereinzelte moderne Stadtpaläste. Stattdessen säumen koloniale Bauten und viele bunt bemalte Holzhäuser die Straßen. Und die Atmosphäre am alten Hafen an der Careenage mit ihren Ausflugsbooten ist malerisch, das bunte Treiben rund um den Busterminal am Fairchild Market typisch karibisch. Am Stadtrand finden sich prächtige Villen, oft Sitz einer ausländischen Bank, eines großen Konzerns oder einer diplomatischen Vertretung. Zu den prächtigsten gehört der Amtssitz des britischen Gouverneurs. Wohnsiedlungen mit kleinen Häusern und Gärten drumherum ziehen ein weites Rund um die Stadt, bis sie sich schließlich in den Feldern verlieren.

Die Landschaft im Inneren der Insel ist zunächst eine weite Ebene ohne besondere Reize. Hier liegen große Plantagen, auf denen Zuckerrohr, Baumwolle und Gemüse angebaut wird. Erst einige Kilometer landeinwärts erhebt sich das Land in einer großen Stufe, wird hügeliger und abwechslungsreicher.

BRIDGETOWN

☛ Stadtplan in der hinteren Umschlagklappe

(114/115) Die Hauptstadt von Barbados als Metropole oder auch nur als Großstadt zu beschreiben wäre verkehrt. Es ist eher eine geschäftige Kleinstadt, die zu Boomzeiten – wie in den frühen Vormittagsstunden – unter der Last des Verkehrsaufkommens und des Besucherstroms schon einmal aufstöhnt. Das Zentrum lässt sich bequem in einer halben Stunde zu Fuß durchqueren. Banken, Geschäfte, Büros, verschiedene Märkte und Busbahnhöfe liegen nahe beieinander. Die Wohnviertel gehören meistens schon zu den angrenzenden Gemeinden. So kommt es, dass die Statistik gerade einmal ca. 6000 Einwohner für Bridgetown zählt.

Nirgendwo auf der Insel offenbart sich die Vergangenheit als britische Kolonie so deutlich wie auf dem (**U/D 4**) *Trafalgar Square*. Der Platz im Herzen der Stadt trägt nicht nur den gleichen Namen wie sein Namensvetter in

London, ihn schmückt auch der siegreiche Admiral Nelson in Bronze. Nur wurde, und darauf legen die Bajans größten Wert, ihre Nelsonsäule schon 1813 errichtet. Damit erinnerte die Kolonie 27 Jahre früher als das Mutterland an die entscheidende Seeschlacht von Trafalgar, in der Nelson im Jahr 1805 die Franzosen besiegte.

Der Brunnen vis-à-vis hat dagegen nichts mit großer Politik zu tun, umso mehr mit technischem Fortschritt. Er wurde 1865 in Auftrag gegeben, um die Einführung von Wasserleitungen zu feiern. Am Trafalgar Square wird aber nicht nur historischer Ereignisse gedacht, das Parlament, ein trutziges, um 1870 errichtetes Gebäude aus hellem Korallengestein mit hölzernen Jalousien, residiert an seiner Flanke.

Die ersten Siedler von Barbados hatten sich zunächst in Holetown, weiter im Norden der Insel, niedergelassen. Ein Jahr später, 1628, gründeten sie Bridgetown. Sie hatten eine kleine Brücke vorgefunden, die die Ureinwohner über den schmalsten Teil dieses sumpfigen Geländes am Mündungsgebiet des Constitution River über den Meeresarm gebaut hatten. So nannten sie die Gegend Indian Bridge Town, daraus wurde dann Bridgetown. Dank dieses geschützten Naturhafens begann die Stadt bald aufzublühen. Heute führen zwei Brücken über den Meeresarm.

Von der einstigen Bedeutung des inneren Teils des alten Hafens ist nur noch der Name geblieben. (**U/C-E4**) *Careenage* war der Platz, an dem die Holzschiffe Kiel geholt wurden. Die Ufer säumten Lagerhäuser und Docks, sie sind zum Teil noch erhalten. Ausflugsboote, Katamarane und Hochseefischerei-Yachten haben die alten Frachtensegler längst abgelöst. Doch noch immer gehört dieser Teil von Bridgetown zu den besonders farbenprächtigen und malerischen.

Bummelt man die Haupteinkaufsstraße, die (**U/C-D4**) *Broad Street,* hinunter, wird man vom Glanz der herausgeputzten Duty-free-Shops schier geblendet. Die (**U/C4**) *Da Costa Mall* fällt dabei aus dem Rahmen. In diesem Einkaufszentrum mischt sich Nostalgie mit Kommerz auf angenehme Weise. Der Zuckerbäckerstil der rosa-weiß gestrichenen Fassade, die verschnörkelten Geländer und Straßenlaternen im Inneren schaffen ein Flair, das sich vom nüchternen Schick anderer Einkaufspaläste wohltuend absetzt. Ein weiteres schönes Beispiel für koloniale Architektur bietet die (**U/C 4**) *Barclay Bank* am Ende der Lower Broad Street. Die meisten Bauten, die heute zu sehen sind, entstanden nach 1860, frühere Bauwerke wurden meist durch Hurrikane oder Feuer zerstört.

Wer erleben will, wo und wie die bajanische Hausfrau einkauft, muß die Broad Street verlassen und über die schmalen Parallelstraßen wie (**U/C3**) *Swan* oder *James Street* bummeln. An der Ecke bietet ein Rastafari Kokosnüsse an, Obst- und Gemüsestände sind mitten auf der Straße aufgebaut. Die Auslagen der kleinen Geschäfte sind voll gestopft mit Schuhen, Stoffen und allem, was der Mensch braucht, wenn er nicht als Tourist unterwegs ist.

Der Tourist hingegen findet, außer in den Duty-free-Shops,

DER SÜDEN

St. Mary's Church, eine Oase der Ruhe im quirligen Bridgetown

sein Einkaufsglück im (**114/B 3**) *Pelican Village* mit seinen Souvenir- und Kunsthandwerksständen. Es liegt in der Nähe des Überseehafens, dort wo jeden Morgen mindestens ein Kreuzfahrtschiff festmacht. Damit der Weg vom Zentrum dorthin nicht langweilig wird, ist er mit T-Shirt-Läden gesäumt.

Oasen der Ruhe im Trubel der Stadt sind die verschiedenen Kirchen. (**U/E 4**) *St. Michael's Cathedral* heißt die berühmteste. Sie ist zugleich die größte und zweitälteste der Insel. Zwischen 1784 und 1786 erbaut, überlebte sie als eines der wenigen Bauwerke den Jahrhunderthurrikan von 1831. Im Gegensatz zu ihr musste die (**U/D 3**) *Synagoge*, Ecke James Street/Synagogue Lane, 1833 neu erbaut werden. Sie erstrahlt heute renoviert in altem Glanz. Hinter der (**U/B 3**) *St. Mary's Church* am Ende der Lower Broad Street endet das »großstädtische« Bridgetown, und kleine Holzhäuser bestimmen das Straßenbild. Ganz historisch geht es östlich des Stadtzentrums an der Südküste zu. Ab 1780 war eine Garnison mit rund 200 Soldaten mit dem Schutz der aufstrebenden Kolonie beauftragt worden. Die Soldaten hatten außerdem die Aufgabe, die an die Franzosen verlorenen benachbarten Inseln zurückzuerobern. Die neue Garnison wurde auf einem der Wälle des (**114/C 4**) *St. Ann's Fort*, des ersten Hauptquartiers, 1705 erbaut. Die Gebäude sind ein gutes Beispiel für georgianische Architektur. Im ehemaligen Gefängnis ist heute das (**114/C 4**) *Barbados Museum* untergebracht. Dessen schönstes Gebäude ist ohne Zweifel die Hauptwache. Sie strahlt in den Farben Rot und Weiß und trägt ein gelbes Dach auf dem Glockenturm. Heute marschieren auf dem Platz vor der Wache keine Soldaten mehr, nur Kanonen stehen dort in Reih und Glied. Doch an bestimmten

Tagen belebt sich das sonst ruhig in der Sonne dösende Gelände, denn der alte Exerzierplatz ist heute die Pferderennbahn von Barbados.

Jeden Abend erwacht die (**U/B–C1**) Baxters Road im Nordwesten der Stadt zu nächtlichem Treiben. Ein *rum shop* reiht sich an den nächsten, und auf den Bürgersteigen werden an Ständen Essen und Getränke angeboten. Bis in die frühen Morgenstunden wird gebrutzelt und gezecht. Im Osten der Stadt pulsiert das Leben am Abend in der (**U/D–E5–6**) *Bay Street*, dem Beginn der Küstenstraße. Die Bars und Clubs am Strand der (**114/C4**) *Carlisle Bay* liegen besonders schön.

BESICHTIGUNGEN

Cockspur Distillery Tour (**114/B2**)
Seit über 100 Jahren existiert diese Rumfabrik. Die 45-minütige Führung demonstriert alle Stationen der Rumherstellung. *Tgl. 9–16 Uhr, Eintritt 5 Bds$, West Indies Rum Distillery, unübersehbar nahe dem Spring Garden Highway am Strand gelegen, Brighton, Black Rock, St. Michael*

Mount Gay Rum Tour (**114/B2**)
Diese Konkurrenz beansprucht für sich, die älteste Rumdestillerie der Welt zu sein. Seit 1703 stellt sie aus Melasse, die als Beiprodukt bei der Zuckerproduktion entsteht, Hochprozentiges her. Die halbstündige Führung gibt einen guten Einblick in die Produktion, auch wenn die eigentliche Destillerie im Norden der Insel nicht besucht wird. Stattdessen führt die Tour nach einem informativen Film durch die Lagerhalle mit den Rumfässern sowie Abteilungen, in denen der Rum verschnitten und abgefüllt wird. Die Führung findet in einem lockeren Ton statt, und damit es auf keinen Fall zu einem trockenen Erlebnis wird, gibt's am Schluss eine Kostprobe. *Mo–Fr 9–16 Uhr, Eintritt 12 Bds$, Mount Gay Rum Visitors Centre, Spring Garden Highway, Bridgetown*

MUSEEN

Barbados Museum (**114/C4**)
★ Das ehemalige Militärgefängnis beherbergt das Inselmuseum. Die verschiedenen Gebäude – so wie man sie heute sieht, stammen

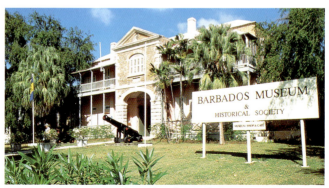

Das Gestern und Vorgestern der Insel wird im Barbados Museum lebendig

DER SÜDEN

sie aus dem Jahr 1853 und sind im karibisch-georgianischen Stil erbaut – enthalten Ausstellungsgegenstände zur Geologie, zu Flora und Fauna, zu Geschichte und Kunst der Insel. Vitrinen mit ausgestopften Vögeln, Korallen, Muscheln, Schildkröten und anderem präparierten Getier hinterlassen eher eine melancholische Stimmung, als besonders lehrreich zu wirken. Archäologisches und Gegenstände aus dem Inselleben der vergangenen Jahrhunderte sind da schon interessanter. So gibt es vollständig eingerichtete Zimmer zu sehen. Historische Grafiken und Gemälde runden das Bild des kolonialen Barbados ab. Ein Raum voll mit Silber- und Kristallgegenständen zeugt vom vergangenen Reichtum der Plantagenbesitzer, eine Gefängniszelle dagegen vom kargen Leben der Büßer. Für Kinder gibt es eine eigene Abteilung mit alten Spielsachen. Kleine Besucher können sich hier auch selbst betätigen, sich verkleiden oder spielen. Im Hofgarten gibt es ein Café. Wer seinen Wissensdurst befriedigen möchte: Die Bibliothek ist Mo bis Fr 9–13 Uhr geöffnet. *Museum Mo–Fr 7–16 Uhr, Eintritt 12 Bds$, St. Ann's Garrison, St. Michael*

Tyrol Cot Heritage Village (114/C2)
Die schöne Villa, 1854 aus Korallenblöcken und Basaltsteinen am nördlichen Rand von Bridgetown erbaut, war das Zuhause von Sir Grantley und Lady Adams. Die Lady lebte hier auch nach dem Tod ihres Mannes bis 1990. Die Villa war in den 30er- bis 60er-Jahren Treffpunkt karibischer Politiker. Hier wurde die Gründung der Westindischen Föderation vorbereitet, deren einziger Premierminister Grantley Adams war. Die Einrichtung ist weitgehend original geblieben. Zu sehen gibt es das größte Sofa der Insel, Porzellan, antike Mahagonimöbel, Schlafzimmer, wohlgefüllte Bücherregale sowie zahlreiche Gastgeschenke anderer Staaten. Im Park lädt das Heritage Village, das aus einigen neu errichteten *chattel houses* besteht, zum Kauf von Kunsthandwerk und Souvenirs ein. *Mo–Fr 9–17 Uhr, Eintritt 11,50 Bds$, Codrington Hill, St. Michael*

RESTAURANTS

Bato's Snackette (U/C 2)
❂ Kurz bevor die Tudor Street in die Baxters Rd. übergeht, liegt das unscheinbare Restaurant, das fast ausschließlich von Bajans besucht wird. Sie schätzen die gute Qualität der soliden Hausmannskost und die üppigen Portionen, die hier serviert werden. Besonders, wenn *coucou* auf dem Speiseplan steht, sind am Mittag die wenigen Tische schnell besetzt. Das Menü ist auf einer Tafel an der Wand angeschlagen. *Mo–Fr 7–16 Uhr, Ecke Reed und Tudor Street, St. Michael, Tel. 426 5834, Kategorie 3*

Brown Sugar (114/C 4)
❂ Nicht allzu weit vom Zentrum am südlichen Ende der Carlisle Bay liegt dieses Restaurant. Man sitzt zwar nicht am Meer, dafür in einer Art tropischem Wintergarten mit schönen Rattanmöbeln und einem kleinen Teich. Auf der Karte dominieren lokale Speisen. Mittags gibt's beim Planterbuffet eine große Auswahl an typisch bajanischen bzw. karibischen Ge-

richten in sehr schmackhafter, deftiger Zubereitung. Darunter auch einige Spezialitäten, die sonst selten zu finden sind. Das Restaurant ist ein beliebter Lunchtreff für Bajans. *So–Fr 12–14.30, tgl. 18–21.30 Uhr, Aquatic Gap, St. Michael, Tel. 426 76 84, Kategorie 2*

Waterfront Café (U/D 5)
Direkt am Wasser gelegen, ist das Lokal ein Klassiker der Gastronomieszene. Entsprechend turbulent und laut geht es mittags und auch abends zu, wenn Musiker zur Unterhaltung aufspielen. Dennoch, ein Besuch lohnt unbedingt – nicht zuletzt, weil es das einzige Straßencafé in ganz Bridgetown ist und man zudem am Wasser sitzt. Oder man wählt seinen Platz im Inneren des alten Lagerhauses, das zur Straße offen ist. Kulinarisch reicht das Angebot von Sandwiches über Salate bis hin zu Fisch- und Fleischgerichten. Möbliert mit schmiedeeisernen Stühlen vor unverputztem Gemäuer und geschmückt mit etwas Kunst besitzt die Mischung zwischen Kaffeehaus, Bar und Restaurant trotz allen Trubels großen Charme. *Mo–Sa 10–22 Uhr, Bar länger, Careenage, Bridgetown, Tel. 427 00 93, Kategorie 2–3*

EINKAUFEN

Cave Shepherd (U/C 4)
Das größte Kaufhaus der Insel führt neben den Allerweltsdingen auch alles, was das Touristenherz begehrt: Zollfreies wie Parfüm, Spirituosen, Sonnenbrillen, Fotoapparate etc., ferner Souvenirs und eine große Abteilung mit internationalen Bademoden. *Mo–Fr 8.30–17, Sa 8.30–13 Uhr, Broad Str., Bridgetown*

Colours of De Caribbean (U/D 5)
Neben ausgefallener Freizeitmode mit karibischen Mustern und Farben werden in dem schön gestylten Laden Accessoires und auch ein paar Souvenirs verkauft. *Mo–Fr 9–19, Di bis 22 und Do bis 22.30, Sa 9–15 Uhr, Careenage, neben Waterfront Café, Bridgetown*

Julie'n Supermart (U/E 4,115/D 2)
Im Sortiment des momentan größten Supermarktes der Karibik fehlen weder Mausefallen noch ultrascharfe Hot-Pepper-Saucen. *Mo–Sa 8–22 Uhr, Bridge Str., Bridgetown und Hagatt Hall, St. Michael*

Pelican Village (114/B 3)
Kreuzfahrer haben wenig Zeit und kaufen gerne Kunsthandwerk und Souvenirs. In knapp 40

Die Marco Polo Bitte

Marco Polo war der erste Weltreisende. Er reiste in friedlicher Absicht, verband Ost und West. Er wollte die Welt entdecken, fremde Kulturen kennen lernen, nicht zerstören. Könnte er heute für uns Reisende nicht Vorbild sein? Aufgeschlossen und friedlich sollte unsere Haltung auf Reisen sein. Dazu gehören auch Respekt vor Mensch und Tier und die Bewahrung der Umwelt.

WWF

DER SÜDEN

Pavillons unweit des Hafens finden nicht nur sie die größte Auswahl der Insel, darunter Korbwaren und Schnitzereien und Souvenirs. An Tagen, an denen kein großes Schiff in der Stadt ist, haben einige der Pavillons geschlossen. *Mo–Sa 9–17 Uhr, Harbour Rd., Bridgetown*

Rasta Market (U/B 4)

Rastafaris verkaufen an Straßenständen auf der Cheapside, das ist die westliche Verlängerung der Broad Street, Kunsthandwerk, handgearbeitete Lederwaren sowie allerlei selbst gefertigte Souvenirs. Die Mahagonischnitzereien, Sandalen, Taschen, Armreifen usw. sind eine gute Alternative zu den angebotenen Waren im sehr kommerziellen Pelican Village. *Mo–Sa 8–12 Uhr, Cheapside, Bridgetown*

HOTELS

Bridgetown ist zwar die Hauptstadt und der Mittelpunkt der geschäftlichen Aktivitäten, doch bis auf wenige Ausnahmen liegen die Hotels etwas außerhalb, an den Stränden.

Little Paradise (114/B 1-2)

Das kleine, persönlich geführte Hotel liegt am nördlichen Rand von Bridgetown in einer ruhigen Siedlung. Der sehr schöne *Paradiesstrand* ist in wenigen Minuten zu Fuß bequem zu erreichen, in der näheren Umgebung sind auch Restaurants vorhanden. Die schlichten Zimmer, nicht alle mit Balkon und zum Teil mit Meersicht, verteilen sich auf zwei Gebäude, dazwischen liegt ein kleiner Pool. *18 Zi., Paradise Beach Drive, St. Michael, Tel. 424 32 56, Fax 424 86 14, E-Mail LittleParadise@caribsurf.com, Kategorie 3*

Savannah (114/C 4)

Nach aufwändigen Umbauten beherbergt das historische Gebäude jetzt ein Hotel, das mit seinen Annehmlichkeiten vor allem auf Geschäftsleute abzielt. Es liegt gegenüber der Pferderennbahn Garrison Savannah und unweit des Barbados Museums. Das Zentrum von Bridgetown ist schnell erreicht. Der nächste Strand liegt nur wenige Gehminuten entfernt. Es verfügt über ein gutes Restaurant. Ein Erweiterungsbau und ein Swimmingpool sind im Entstehen begriffen. *21 Zi., Hastings, Christ Church, Tel. 228 38 00, Fax 228 43 85, E-Mail savannah@caribsurf.com, Kategorie 2*

SPIEL UND SPORT

Ausgangspunkt für Bootstouren ist immer Bridgetown. Meist führen sie entlang der Westküste nach Norden. Das Hilton Hotel bietet eine breite Sportpalette an, und am Strand der (**114/C 3-4**) *Carlisle Bay* finden sich weitere Möglichkeiten zum Wassersport.

Bootsausflüge

Atlantis Submarine: Statt über Wasser führt dieser Ausflug in die Tiefe. Das U-Boot taucht mit maximal 28 Personen an Bord zu einem Korallenriff bis auf knapp 50 m Tiefe. Während der Fahrt werden die vorbeischwimmenden Fische und die Korallen von einem Tauchlehrer gut beschrieben. Ein tolles Erlebnis, viel schöner als der Besuch eines Aquariums oder eine Fahrt mit dem Glasbodenboot. *Shallow Draught, Bridgetown, Tel. 436 89 29.*

Getrommelt, getanzt, gesungen – die Inselgeschichte in der Show »1627«

🔹 *Harbour Master:* Der große Vergnügungsdampfer war ursprünglich als schwimmendes Kasino geplant. Der Plan scheiterte, und jetzt kreuzt er vor der Westküste. Tagsüber werden Badefahrten unternommen, am Wochenende ist er ein schwimmender Nachtclub, und die Sonnenuntergangstörns am Sonntag sind ein schöner Abschluss der Woche. Die Passagiere sind in erster Linie Bajans, und Lokalkolorit ist garantiert. *Shallow Draught, Port of Bridgetown, Tel. 430 09 00.*

Jolly Roger Cruises: Die Jolly Roger ist ein nachgebautes Piratenschiff, das mehrmals die Woche auf »Kaperfahrt« nach Holetown aufbricht. Karibische Rhythmen und Rumpunch sorgen für Stimmung bei den »Piraten«, verschiedene Wassersportarten kühlen nur vorübergehend die Gemüter. *Shallow Draught, Port of Bridgetown, Tel. 436 64 24.*

Neben diesen großen Schiffen steht eine Reihe von Segelyachten und Katamaranen bereit, mit denen täglich Törns entlang der Westküste unternommen werden: *Limbo Lady Sailing Cruises,* Tel. 420 54 18; *Small Cats,* Tel. 421 64 19 oder 231 15 85, *Cool Runnings,* Tel. 436 09 11, Fax 427 58 50; *Secret Love Sailing Cruises,* Tel. 432 19 72; *Tiami Sailing Cruises,* Tel. 427 72 45

Tauchen (114/C 4)

Einführung für Anfänger, geführte Tauchgänge und Verleih von Tauchausrüstungen: *Dive Shop Ltd., Aquatic Gap,* neben dem *Pebbles Restaurant,* Tel. 426 9947, e-mail hardive@caribnet.net

Strände

(114/C 3-4) *Carlisle Bay,* der halbmondförmige Stadtstrand, beginnt südlich der Careenage beim Beachclub *Boatyacht* und endet an der Landzunge beim Hilton. In der geschützten Bucht liegen zahlreiche Segelyachten vor Anker. Unter Wasser locken gleich drei Schiffswracks Taucher und Schnorchler an. Der Sand ist fein, beim *Boatyacht* können Liegen und Sonnenschirme gemietet, kühle Drinks und Speisen geordert werden.

(114/B 1-2) *Paradise Beach* – nördlich des Hafens schließt sich die-

DER SÜDEN

ser wirklich paradiesische Strand an. Am Wochenende wird er von Einheimischen frequentiert, unter der Woche ist er seltsamerweise leer.

AM ABEND

Bajans gehen vor allem am Freitag- und Samstagabend aus. Darüber hinaus gibt es einen ungeschriebenen Plan, an welchem Tag man welche Disko, welchen Club besucht. Wichtig ist der Tag, an dem Livemusik geboten wird. Dann kommt es aber auch noch darauf an, welche Band spielt. Um nicht versehentlich einen öden Abend in einem fast leeren Lokal zu verbringen, sollten Sie sich immer bei den Bajans erkundigen, wohin man z.B. am Mittwoch geht.

Boatyacht (114/C 4)
Tagsüber eine Beachbar, abends ein Open-Air-Nachtclub und eine der heißesten Adressen der Insel. Die Lage am Strand ist einzigartig. An einigen Abenden Livemusik, und dienstags bei »all drinks free« rockt der Bär. *Tgl. ab 9 Uhr, abends unterschiedlich hoher Eintritt, Tel. 436 26 22, Bay Str., Bridgetown*

Harbour Lights (114/C 4)
Kneipe, Disko, Nachtclub – das Lokal ist alles in einem. Livemusik wird an verschiedenen Wochentagen geboten, doch die absoluten »In-Nächte« sind Mittwoch und Freitag. Ab zirka 22.30 Uhr bevölkern Touristen und Einheimische Tresen und Tanzfläche. *Mo bis Sa ab 21.30 Uhr, unterschiedlicher Eintritt, Tel. 436 72 25, Marine Villa, Bay Str., Bridgetown*

Harbour Master (114/B 3)
Über sein Aussehen kann man streiten – der ziemlich quadratische »Hafenmeister« sieht eher wie ein schwimmender Ponton als wie ein Vergnügungsdampfer aus. Während er unter der Woche die Westküste rauf- und runterfährt, liegt er Freitagabend im Hafen vor Anker und öffnet seine drei Decks den Nachtschwärmern. Auf der unteren Ebene gibt's ein Restaurant, ein Stockwerk höher wird auf offenem Deck getanzt. Das jeweilige Wochenendprogramm ist in der Zeitung nachzulesen. *Fr Nachtclub ab 22 Uhr, Tel. 430 09 00, Shallow Draught, Port of Bridgetown, St. Michael*

1627 and all that (114/C 4)
Die gut in Szene gesetzte Folkloreshow führt tänzerisch und musikalisch durch die Geschichte von Barbados. Die Qualität der Darbietungen ist gut, auf glitzernde Varieté-Einlagen à la Karneval in Rio wird verzichtet. Dafür wird um so mehr getrommelt und getanzt. Ein reichhaltiges Buffet mit den typischen Bajanspezialitäten sowie Getränke sind im Preis inklusive. Leider sind die Räumlichkeiten des modernen Konferenzentrums recht steril. Bei Reservierung kostenloser Shuttleservice vom und zum Hotel. *Do 18.30 Uhr, Eintritt 115 Bds$, Barbados Museum, St. Ann's Garrison, St. Michael, Tel. 428 16 27*

AUSKUNFT

Barbados Tourism Authority
Mo–Fr 8.30–17 Uhr, Tel. 427 26 23/4, Fax 426 40 80, P.O. Box 242, Harbour Rd., Bridgetown

WESTLICHE SÜDKÜSTE

(**115/D-F 5**) Die Lichter der Restaurants in der Bucht am St. Lawrence funkeln im Wettstreit mit den Sternen am Tropenhimmel. Weit schweift der Blick von der Terrasse eines der direkt am Meer gelegenen Lokale über das nachtschwarze Meer, das leise plätschernd ans Ufer schwappt. Ob Fisch, Steak oder Pasta, die angebotene kulinarische Vielfalt ist groß. Anbiederungen an europäische Esskultur wie Schnitzel oder *fish and chips* finden sich nur vereinzelt. Nach dem Dinner lädt die laue Nacht zu einem Spaziergang ein. In den kleinen Boutiquen kann noch bis spät abends gestöbert werden, und Bars laden zum Verweilen ein, bis es für die Nachtschwärmer Zeit wird, in einen der Nachtclubs zu wechseln. Denn hier wird es erst ab 22 Uhr lebendig.

Auch wenn St. Lawrence Gap als die eigentliche Vergnügungsmeile von ganz Barbados gilt, so bietet doch der ganze Küstenabschnitt Unterhaltungsmöglichkeiten satt. Am Fischmarkt von Oistins zum Beispiel wird allabendlich ein kleines Volksfest gefeiert. Bei einer Portion frisch gebratenen Fischs und den allgegenwärtigen Calypso- und Socarhythmen werden Neuigkeiten ausgetauscht oder auf dem Nachhauseweg noch schnell ein Absacker getrunken.

Tagsüber kann man sich an den Stränden nach Herzenslust sonnen, schwimmen und Wassersport treiben. Inseltouren und Ausflüge zu den Sehenswürdigkeiten sind von der Südküste aus bequem zu unternehmen, egal ob auf eigene Faust, per Mietwagen, mit dem Bus oder auf einer organisierten Tour. Die Südküste ist für diejenigen die richtige Wahl, die neben Sonne und Wasser auch »echtes« karibisches Flair suchen und den Geldbeutel dabei nicht allzu sehr strapazieren wollen.

RESTAURANTS

Dieser Küstenstreifen bietet die größte Auswahl an Restaurants auf der Insel. Die Palette reicht von Gourmetküche mit Blick aufs Meer bis zum Hamburgergrill. Vor allem für kleinere Budgets finden sich hier viele Möglichkeiten.

Bert's Bar (**115/D 4**)
Gartenrestaurant und Bar, in dem Sportsfreunde via Satelliten-Pay-TV live bei Autorennen, Tennismatches und anderen internationalen Großereignissen dabei sein können. Zwischendurch locken ein paar münzhungrige Spielautomaten. Für die eigene sportliche Betätigung gibt's einen kleinen Pool. *Tgl. 8–22 Uhr, Bar bis 1 Uhr, Rockley, Worthing, Main Rd., Christ Church, Tel. 435 79 24, Kategorie 3*

Café Sol (**115/D 5**)
Von der erhöhten Terrasse lässt sich bei einem Cocktail das abendliche Treiben am St. Lawrence Gap gut beobachten. Das kleine, zitronengelb gestrichene Restaurant bietet aber auch eine solide mexikanische Küche mit den Klassikern Nachos, Burritos usw. *Tgl. 18–23 Uhr, Bar länger geöffnet, St. Lawrence Gap, Christ Church, Tel. 435 95 31, Kategorie 3*

DER SÜDEN

Carib Beach Bar (115/D 4)
🕺 Beliebte Strandbar an der breiten, weißen Sandy Beach neben dem Hotel Sandy Beach mit einem langen Tresen. Zum Strand hin stehen ein paar Tische auf einer Holzplattform unter Palmen. Freitags Barbecue, sonst gibt's Steaks, Fisch, Shrimps, Sandwiches u.a. *Tgl. 10–23, Lunch ab 11.30 Uhr, Fr länger geöffnet, 2nd Ave., Worthing, Christ Church, Tel. 435 85 40, Kategorie 3*

Champers (114/C 4)
Das Restaurant (im Untertitel führt es den Namen *wine bar*) auf zwei Ebenen – unten die Bar, oben das Restaurant – ist hell und freundlich eingerichtet. Die Speisen sind sehr schmackhaft zubereitet. Das täglich wechselnde Menü steht auf einer großen Tafel angeschlagen. Gut ist die Auswahl an Weinen, die auch glasweise ausgeschenkt werden. Für die gedämpfte Hintergrundmusik sorgt das Meer, denn das Lokal liegt unmittelbar am Ufer. *Mo–Sa 12–16, 18.30 bis 22 Uhr, Keswick Building, Hastings, Christ Church, Tel. 435 66 44, Kategorie 2*

Josef's (115/D 4-5)
Der Österreicher Josef Schwaiger hat wieder persönlich nach aufwendigen Renovierungen die Leitung übernommen. Jetzt hat auch die Südküste ihre Gourmetadresse. Das Ambiente ist stilvoll, besonders schön sitzt man im weitläufigen Garten, wenn die Wellen zur Untermalung beinahe an den Tisch plätschern. Alle Gerichte sind äußerst schmackhaft zubereitet, aber Achtung: Die Portionen sind à la Nouvelle Cuisine. Reservierung empfohlen. *So-Fr 12–14.30 Uhr, tgl. 18.30–22.30 Uhr, St. Lawrence, Gap., Worthing, Christ Church, Tel. 435 65, Kategorie 1*

Mascarade (115/D 4-5)
Die Speisekarte liest sich wie eine Reise rund um die Welt. Die Terrasse mit vielen tropischen Pflanzen ist eine Oase mitten im Nightlife des St. Lawrence Gap. *St. Lawrence Gap, Worthing, Christ Church, tgl. 18-22.30 Uhr, Tel. 435 61 04, Kategorie 2*

Mike's (116/B 6)
★ Der Deutsche Mike Neuhoff betreibt zusammen mit seiner einheimischen Frau dies etwas abseits gelegene kleine Restaurant direkt am Strand. Seine Buffets stehen jeden Abend unter einem anderen Motto. Wer einmal den Weg gefunden hat, kommt wieder. *Mo-Sa, Buffet ab ca. 19 Uhr, 250 m westlich des Silver-Sands-Hotels am Strand, Christ Church, Tel. 428 86 16, Kategorie 3*

Oistins Fish Market (115/E-F 5)
★ Wenn es Abend wird, verwandeln sich die Holzbuden am Fischmarkt von Oistins in Garküchen. Dann brutzelt fangfrischer Fisch auf Holzkohlegrills. Gegessen wird im Stehen, oder man rückt auf den wenigen Holzbänken zusammen. Ein schmackhaftes, preiswertes und typisches Essvergnügen. *Von Sonnenuntergang bis in die frühen Morgenstunden geöffnet. Betriebsamste Tage Fr, Sa, an der Hauptstraße in Oistins*

Red Castle (115/E-F 5)
✪ Gegenüber vom Fischmarkt beherbergt das »Rote Schloss«, das aber in Wahrheit weiß ist, eine Bar und im Obergeschoss

Heritage Barbados Passport

Eine Reihe von wichtigen Sehenswürdigkeiten werden vom *National Trust* verwaltet: Andromeda Botanic Gardens, Welchman Hall Gully, The Sir Frank Hutson Sugar Museum & Seasonal Factory Tour, Tyrol Cot Heritage Village, Gun Hill Signal Station, The Bridgetown Synagogue, The Arbib Nature & Heritage Trail und Morgan Lewis Sugar Mill. Dort und an anderen touristisch interessanten Plätzen sowie in zahlreichen Hotels liegen die Pässe kostenlos aus. Bei den ersten vier Sehenswürdigkeiten muss der volle Eintrittspreis gezahlt und der Pass abgestempelt werden. Dann ist der Besuch der restlichen kostenlos. *The Barbados National Trust, Wildey House, Wildey, Tel. 426 24 21, Fax 429 90 33, www.sunbeach.net/trust*

---

ein Restaurant. Man fühlt sich wie bei Muttern: Serviert wird Hausmannskost auf abwaschbaren Spitzendecken. *Tgl. rund um die Uhr, gegenüber vom Oistins Fish Market, Tel. 420 63 55, Kategorie 3*

39 Steps (114/C 4)

Abgebeizte Holzkommoden, grüne Tische und Stühle, ein weißer Kachelboden, viele Pflanzen – die Atmosphäre dieses Bistros ist licht und freundlich und wird von Bajans wie ausländischen Gästen gleichermaßen geschätzt. Man sitzt im luftigen Innenraum im ersten Stock des neu erbauten *chattel house* oder draußen auf der Galerie. An der Tafel stehen die Tagesgerichte, das Spektrum reicht von Quiche, *stuffed crab back* bis zu Lasagne – dazu ein Glas gespritzten Weißweins. *Mo–Fr 12–24, Sa 18–24 Uhr, Chattel Plaza, Hastings, Christ Church, Tel. 427 07 15, Kategorie 3*

Shak Shak (114/C 4)

Man sitzt hier sehr schön am Meer. Wer zum Lunch einkehrt, wird mit zivileren Preisen belohnt und kann gleichzeitig der Hitze des Tages entfliehen und sich stärken. Abends empfiehlt sich eine Reservierung, dann lädt auch die hübsche Bar zum Verweilen ein. *Mo–Sa 12–14 und 18 bis 22 Uhr, Hastings, Christ Church, Tel. 435 12 34, Kategorie 1–2*

Whistling Frog (115/D 4-5)

Der Sports Pub bietet eine gute Auswahl an Salaten, Snacks sowie Bajan-Hausmannskost zu erschwinglichen Preisen zu jeder Tageszeit. *Tgl. ab 7 Uhr, Time out at the Gap, St. Lawrence Gap, Christ Church, Tel. 420 50 21, Kategorie 3*

EINKAUFEN

Jam-Pac Music (115/D 4-5)

Der kombinierte Platten- und Souvenirladen ist spezialisiert auf Calypso, Dub, Reggae und Gospel. *Mo–Mi 9–21, Do–Sa 9–3 Uhr, neben dem After Dark Club, St. Lawrence Gap, Christ Church*

HOTELS

Casuarina Beach Club (115/D 4-5)

Die verschiedenen Gebäude des Apartmenthotels liegen in einem

DER SÜDEN

liebevoll gepflegten tropischen Garten, in dem Pflanzenliebhaber auch seltene Spezies bewundern können. Die Studios sind hell, freundlich und zweckmäßig mit einer kleinen Küchenzeile eingerichtet. Ein großes Aktivitäten- und Sportangebot sowie eine spezielle Kinderbetreuung machen das Hotel besonders bei Familien beliebt. Eigener Strand und große Liegewiese. *160 Zi., St. Lawrence Gap, Christ Church, Tel. 428 36 00, Fax 428 19 70, www.barbados.org, Kategorie 2*

Coral House (116/B 6)
Etwas abseits in der Nähe des Silver Sand Hotels an der Südspitze betreibt der quirlige Deutsche Mike Neuhoff eine kleine Apartmentanlage. Die 60 qm großen Apartments haben Wohn- und Schlafzimmer. Ein Tipp für alle, die Ruhe suchen, und für Windsurfer, denn die besten Reviere liegen nahebei. *10 Apartments, Mike Neuhoff, 35 Ealing Park, Christ Church, Tel. 428 86 16 und 428 76 20, Fax 420 80 29, Kat. 3*

Piech & Quiet (116/B 5)
Das sympathische, kleine Hotel liegt ganz im ruhigen Süden direkt am Meer. Es wurde im spanischen Stil renoviert. Mit Restaurant. Für Abkühlung sorgt ein Swimmingpool, und die schönen Sandstrände der Umgebung sind in nur wenigen Minuten zu Fuß zu erreichen. *21 Zi., Inch Marlow, Christ Church, Tel. 428 56 82, Fax 428 24 67, www.barbados.org, Kategorie 2–3*

Rostrevor (115/D-E 5)
Mitten im St. Lawrence Gap bietet diese Anlage mit 1-, 2- oder 3-Schlafzimmer-Apartments eine familiäre Atmosphäre. Sie liegt direkt am Meer, mit Swimmingpool. *67 Zi., St. Lawrence Gap, Christ Church, Tel. 428 59 20, Fax 428 77 05, www.barbados.org, Kategorie 2-3*

Sand Acres & Bougainvillea (115/E 5)
Das Hotel liegt direkt am Maxwellstrand und zeichnet sich durch eine schöne Architektur sowie gemütliche Studiozimmer aus. Mit Swimmingpool. *133 Zi., Maxwell Coast Rd., Christ Church, Tel. 428 71 41, Fax 428 25 24, Kategorie 1–2*

Sea Breeze (115/E 5)
Die Anlage erstrahlt frisch renoviert in einem freundlichen Rosa und liegt großzügig am Strand. Zwischen den beiden Hauptkomplexen liegt das Restaurant *Mermaid*, das auch außerhalb des Hotels einen guten Ruf genießt. Die Studios haben eine Küchenzeile. Ruhig und doch nicht zu weit vom Schuss, etwas östlich von St. Lawrence Gap gelegen. *79 Zi., Maxwell Coast Rd., Christ Church, Tel. 428 28 25/26, Fax 428 28 72, www.barbados.org, Kategorie 2*

Shells (115/D 4)
Recht einfache, dafür aber sehr preisgünstige Zimmer. Ein nettes Restaurant ist angeschlossen. Ein schöner, breiter Sandstrand ist auch nur einen Steinwurf entfernt. *15 Zi., 1st Ave., Worthing, Christ Church, Tel. 435 72 53, Fax 435 74 14, Kategorie 3*

Southern Palms (115/D-E 5)
Die zentral mitten in St. Lawrence Gap und am Strand gelegene Anlage besteht aus sieben

Einsam im Wind: an der Küste bei Oistins

unterschiedlichen Gebäudekomplexen. Sie sind freundlich pink und weiß gestrichen und im historisierenden Kolonialstil erbaut. Tennisplätze und Minigolfanlage, Schnorchelausrüstung sowie Boogie- und Windsurfboards stehen Hausgästen gratis zur Verfügung. *93 Zi., St. Lawrence Gap, Christ Church, Tel. 428 71 71, Fax 428 71 75, www.barbados.org, Kategorie 1–2*

SPIEL UND SPORT

Die Südküste ist das Revier der Windsurfer. Besonders in den Wintermonaten von Dezember bis Anfang März bläst hier ein konstanter, starker Wind. Doch Achtung: Wellen und Strömungen fordern eher den Könner heraus, als dass sie den weniger Geübten erfreuen!

Golf (115/D 4)
Rockley, 9 Löcher, Par 36, *Rockley, Christ Church, Tel. 435 78 73*

Strände
Der Süden ist reich an schneeweißen Stränden aus Korallensand. Nur mit kurzen Unterbrechungen reihen sich die Buchten aneinander. Die Wellen branden mit unterschiedlicher Stärke ans Ufer, das Wasser ist selten spiegelglatt. Die schönsten Strände von Westen nach Osten sind: *Rockley*, lebhaft mit fliegenden Händlern, Picknickbänken; die breite, mit Wellenbrechern geschützte *Sandy Beach;* ✪ *Miami* bei Oistins, beliebt bei den Einheimischen, und die einsame *Silver Rock Beach* an der Südspitze, das Paradies für Windsurfer.

Tauchen
(115/E 5) *Guide by side* ist keine Tauchbasis im herkömmlichen Sinne. Die Österreicherin Sandrina und ihr Mann Ravi legen Wert auf individuelle Betreuung. *Dover Gardens, Christ Church, Tel./Fax 420 21 35, E-Mail sanravi@sunbeach.net.*

DER SÜDEN

(115/D 4-5) *Exploresub*, gut geführte PADI-Tauchbasis direkt an der kleinen Bucht am Beginn von St. Lawrence Gap. *St. Lawrence Gap, Christ Church, Tel. 435 65 42, Fax 428 46 74*

Windsurfen

(115/E 5) *Club Mistral*, Maxwell, Christ Church, Tel. 428 72 77; (116/B 6) *Silver Rock Windsurfing*, Silver Sands Beach, Christ Church, Tel. 428 28 66; *Silver Sands Resort*, Silver Sands, Christ Church, Tel. 428 60 01

AM ABEND

(115/D 5) ★ *St. Lawrence Gap* ist die Unterhaltungsmeile von Barbados. Nirgendwo sonst ist am Abend mehr los. Restaurants, Bars, Nachtclubs, Diskotheken, die Auswahl ist groß. Das meiste spielt sich open-Air ab. Unter Nachtclub versteht man auf Barbados keine Bar mit Tänzerinnen oder Ähnlichem. Es sind eher Pubs, Lokale, in die es nicht lohnt, vor 22 Uhr einzukehren. Erst gegen Mitternacht füllen sie sich. Oft spielen Live-Bands. Auch hier gilt, In-Tipps können morgen schon von gestern sein. Bevor Sie sich auf die Piste begeben, fragen Sie die jüngeren Bajans, wann in welchem Lokal am meisten los ist. Es existiert ein genauer Wochenplan für den Besuch der verschiedenen Clubs.

After Dark (115/D-E 5)

❂ Der Nachtclub verfügt über zwei klimatisierte Tanzflächen im Inneren, einen Open-Air-Bereich mit Bühne, auf der donnerstags immer eine populäre Live-Band auftritt, und mehrere Bars. Freitags und samstags heizen gleichzeitig zwei DJs ein. Die Atmosphäre dieses Dauerbrenners unter den Clubs ist gepflegt und entspannt. *Tgl. ab 21 Uhr, Gateways, St. Lawrence Gap, Christ Church, Tel. 435 65 47*

Plantation (115/D-E 5)

★ Während des Buffet-Dinners mit typischen und sehr schmackhaften Inselspeisen unterhält eine Steelband. Die Show danach ist eine Mischung aus getanzter Geschichte und farbenprächtigem Kostümspektakel. Höhepunkt ist eine musikalisch-tänzerische Reise zu den Festen der karibischen Nachbarinseln wie zum Karneval von Trinidad. Feuerschlucker und Limbo runden

---

Signal stations

Über die ganze Insel verteilt stehen an markanten Punkten sechs Wachttürme, die in den Jahren 1818 und 1819 erbaut wurden. Ihre Errichtung war nach dem Sklavenaufstand von 1816 beschlossen worden und sollte die schnellere Kommunikation über die Insel hinweg sicher stellen. Tagsüber verständigte man sich mit Flaggensignalen und in der Nacht mit Leuchtfeuern. Mit der Einführung des Telefons verloren die Türme an Bedeutung und verfielen. Einige von ihnen wie Gun Hill in St. George, Cotton Tower in St. Joseph und Grenade Hall wurden in den letzten Jahren liebevoll restauriert und werden als Museen und Aussichtspunkte genutzt.

das Programm ab. Man sitzt in einem überdachten Gartenlokal auf drei Ebenen. Bei Reservierung kostenloser Shuttleservice vom und zum Hotel. *Mi und Fr 18.30 Uhr mit Dinner, 19.30 Uhr nur Show, Eintritt mit Dinner Buffet 123 Bds$, nur Show inkl. Getränke 60 Bds$, Tel. 428 50 48, St. Lawrence Rd., Christ Church*

Reggae Lounge (115/D-E 5)
✪ ♣ Wie der Name schon sagt: Reggae ist Trumpf. In unregelmäßigen Abständen finden hier Live-Konzerte statt. Aber auch Calypso kommt nicht zu kurz. Der arenaähnliche Aufbau unterstützt das Sehen und Gesehen werden. *Tgl ab 21 Uhr, unterschiedliche Eintrittspreise, Tel. 435 64 62, St. Lawrence Gap, Christ Church*

Ship Inn (115/D-E 5)
Das Ship ist eine Mischung aus Gartenlokal, Bar, Nachtclub und Restaurant. Um einen zentralen Hofgarten gruppieren sich verschiedene gastronomische Einrichtungen – unter freiem Himmel oder in einem geschlossenen Pub. Die Atmosphäre ist gemütlich, das Publikum gut gemischt. Zum Insidertreff wird das Ship am Donnerstag. *Tgl. 18–2 Uhr, Bar ab 12 Uhr, unterschiedlicher Eintritt, Tel. 435 69 61, St. Lawrence Gap, Christ Church*

ÖSTLICHE SÜDKÜSTE

(116/117) Die Region östlich des Flughafens ist lange nicht so dicht besiedelt wie der westliche Teil. Im Bezirk St. Philip, rund um das Ostkap, wohnen gerade einmal 20 500 Einwohner. Am Flughafen endet der Highway, ab hier schlagen die Sträßchen Haken, und es ist gar nicht mehr so einfach, der Küste auf direktem Weg zu folgen. Die Landschaft bleibt flach, und in der Trockenzeit wächst außer Gras, das bald sonnenverbrannt ist, und ein paar Büschen wenig. Aber auch hier entstehen mehr und mehr Wohngebiete.

Im Vorbeifahren bleibt der Blick auf die Strände verwehrt. Man muss die Karte zu Hilfe nehmen, Leute fragen oder aufs Geratewohl den Stichstraßen Richtung Meer folgen. Gut zu

Glitzer and Glamour in der Plantation-Dinnershow

DER SÜDEN

finden und ausreichend ausgeschildert ist das *Crane Beach Hotel*. Hier sollten Sie unbedingt stoppen. Ein schneeweißes Band aus feinem Sand, ein dichter Palmenhain im Hintergrund und flach abfallen- des, türkisfarbenes Wasser mit weißschäumender Brandung gehören zum Schönsten, was Barbados zu bieten hat. Im äußersten Südosten schließt das *Sam Lord's Castle*, als zweitgrößtes Hotel der Insel an einem weiteren Traumstrand gelegen, den Reigen der Südküstendomizile ab. Die Anlage ist schon fast eine kleine Stadt für sich. Vor den Mauern haben sich ein paar kleine Restaurants niedergelassen, ansonsten gibt es außerhalb des Hotels keine Abwechslung, und die Wege nach St. Lawrence Gap oder an die Westküste sind weit.

BESICHTIGUNG

Sunbury Plantation House (117/C 2)
Das über 300 Jahre alte Plantagenhaus war der Stolz der Bajans und nach Harrison's Cave die meistbesuchte Touristenattraktion der Insel, bis es im Frühsommer 1995 bis auf die Grundmauern niederbrannte. Nach nur einem Jahr wurde der Wiederaufbau abgeschlossen und das Haus möglichst originalgetreu mit Antiquitäten neu möbliert. Der liebenswerte Charme des Gestrigen ging zwar verloren, dafür gewinnt man besser einen Eindruck, wie komfortabel es sich in einem »neuen« Plantagenhaus leben ließ. Neben den attraktiven Wohnräumen gibt es im Keller Sammlungen von Gebrauchsgegenständen zu besichtigen. Eine Kollektion von historischen Kutschen ergänzt das sehenswerte Angebot. Hinter dem Haus liegt ein wunderschöner, schattiger Park mit einem Teich voller Seerosen und einem Mahagonihain. Das Gartenrestaurant bietet Lunch und Erfrischungen an. *Tgl. 9–16.30 Uhr, Eintritt 12 Bds$, St. Philip, Tel. 423 62 70*

RESTAURANTS

Castle Dinner (117/F 2)
Seine Exzellenz Pirat Sam Lord würde sich freuen, dass in seiner schlossähnlichen Villa wie vor 200 Jahren beim Schein der Kristalllüster elegant im prunkvollen Regency Room getafelt wird. Der skrupellose Plantagenbesitzer bereicherte sich zusätzlich, indem er mittels falscher Lichter Schiffe zum Stranden brachte und ausraubte. Einmal in der Woche können 14 bis 28 Gäste die Atmosphäre des Hauses bei einem Sieben-Gänge-Galamenü genießen. Auch der Wein ist im Preis von 100 US$ pro Person inklusive. Reservierung spätestens bis 12 Uhr des Veranstaltungstages erforderlich! *Mi 19 Uhr, Sam Lord's Castle, St. Philip, Tel. 423 73 50*

Pot & Barrel (117/F 2)
❂ Vor den Toren von Sam Lord's Castle wird in dem gemütlichen und typischen Restaurant kein Galamenü serviert, dafür kommt hier ordentliche, sehr leckere bajanische Hausmannskost wie *macaroni-* und *cheese-pie, fried chicken* und frischer Fisch auf den Tisch. *Tgl. 8–22 Uhr, vor dem Eingang zum Sam Lord's Hotel, Long Bay, St. Philip, Tel. 423 41 07, Kategorie 3*

EINKAUFEN

Velda Tyson (117/F 2)
Velda fertigt ausgefallene Ketten, Armreifen, Ohrringe und sonstige Accessoires an. Dazu verwendet sie bevorzugt Naturmaterialien wie getrocknete Früchte, Nüsse oder Samen. *Tgl. 9 bis 16 Uhr, im Sam Lord's, ihr Mann unterhält über Mittag einen Verkaufsstand im Crane Beach Hotel*

HOTELS

Crane Beach Hotel (117/E 3)
☆ Das Hotel mit dem schönsten Ausblick der Insel schaut auf eine lange Tradition zurück. Zunächst als privates Ferienhaus gebaut, wurde es schon Ende des 19. Jahrhunderts als Hotel eröffnet. Seine exponierte Lage auf den Klippen mit dem romantischen Blick auf den Ozean und die malerisch wilde Crane Beach machten es bei den Großen und Reichen dieser Welt beliebt. Heute strahlt der Glanz nicht mehr so hell. Die Zimmer und Balkone bzw. Terrassen im zweistöckigen Haupthaus sind immer noch sehr großzügig und bequem, aber etwas antiquiert möbliert. Die Terrasse mit dem Swimmingpool wird Ihnen sicher bekannt vorkommen: Sie ist immer wieder Schauplatz für Werbeaufnahmen. Der Erweiterungsbau mit Restaurant und Bar wurde in den 60er-Jahren des 20. Jahrhunderts hinzugefügt. Die Aussicht ist auch von hier traumhaft schön, da kann das Hotel selbst nicht ganz mithalten. Es liegt abseits von allem Trubel, deshalb ist der Gast abends, wenn er nicht so weit fahren will, auf das Hotelrestaurant angewiesen. Zum Frühstück gibt es das beste Kokosbrot der Insel. *Restaurant tgl. 8–10, 12–15, So Lunch-Buffet, Mo, Mi, Do, Sa, So 19–20.30, Fr, Di bis 22 Uhr mit Live-Musik, Kategorie 1. Hotel 18 Zi., Crane Beach, St. Philip, Tel. 423 62 20, Fax 4235343, www.barbados.org, Kategorie 1–2*

Sam Lord's Castle (117/F 2)
Das zweitgrößte Hotel der Insel liegt ganz im Südosten. Wer gerne zurückgezogen den Komfort des Luxushotels und den wundervollen Strand genießen will, ist hier genau richtig aufgehoben. Das Hotel wird auch gerne für Tagungen gebucht. Sieben Tennisplätze, fünf Restaurants sowie zahlreiche Unterhaltungs- und Sportmöglichkeiten werden geboten. Schmuckstück der modernen Anlage ist das um 1820 erbaute Kolonialhaus Sam Lord's Castle. Vollständig renoviert, beherbergt es neben dem Regency Room neun Gästezimmer und die Rezeption. *234 Zi., Long Bay, St. Philip, Tel. 423 73 50, Fax 423 59 18, www.barbados.org, Kategorie 1*

SPIEL UND SPORT

Golf (117/E 2)
Belair, 9 Löcher, Par 3, *St. Philip, Tel. 423 46 53*

Strände
Die Strände dieses Küstenabschnitts gehören zu den schönsten der Insel. Von Süden nach Norden: (117/E3) *Foul Bay* ist ein naturbelassener, langer Strand; der zweigeteilte ★ (117/E3) *Crane Beach* ist mit Recht wohl der berühmteste der Insel. In das Weiß des Sandes ist etwas Rosa

DER SÜDEN

gemischt, und die recht starken Wellen laufen in langen, perfekten Reihen auf das flach abfallende Ufer zu. An manchen Tagen gut geeignet zum Wellenreiten. Wer vom Crane Beach Hotel zum Strand hinuntersteigen will, zahlt 5 Bds$. Es gibt am anderen Ende aber einen zweiten Zugang (gratis). (**117/F2**) *Long Bay* ist der palmenbestandene Hausstrand des Sam Lord's. Er liegt relativ geschützt, und die Wellen sind nicht so hoch. *Tgl. 8–17 Uhr, Eintritt 10 Bds$.* Der Zugang zur (**117/F1**) *Bottom Bay* erfolgt über mehrere Stufen. Er ist ca. 200 m lang, ein kleiner Palmenhain schmiegt sich an seiner Rückseite an die Klippen.

Surfen (117/E3)
An der *Crane Beach* werden Boogieboards vermietet.

AUSKUNFT

Barbados Tourism Authority
Der Pavillon in der Ankunftshalle des (**116/C4**) Grantley Adams International Airport schließt nach Ankunft des letzten internationalen Fluges. *Tgl. ab 8.15 Uhr, Tel. 428 55 70, Christ Church*

Einst ein Piratennest – heute gehört Sam Lord's Castle zu einem Hotel

DER WESTEN

Mondän, mit üppiger Tropenvegetation

Spiegelglattes Meer, Palmen, Cocktails am Strand, abends Kerzenschein und Gaumenfreuden – der Westen versteht es, seine Gäste zu verwöhnen

Unter Highway 1 sollte man sich nicht gerade eine Autobahn vorstellen, eher eine Landstraße, und zwar eine, die zu den schönen der Insel gehört. Sie scheint durch einen einzigen üppig blühenden Garten zu führen. Mal erstrecken sich vornehme Parks zu ihren Seiten, und die Einfahrten lassen erahnen, welch prächtige Gebäude sich hinter den hohen Palmen verstecken. Namen wie *Crystal Cove* und *Royal Pavilion* stehen in eleganten Buchstaben an die Mauern geschrieben.

An dieser Straße sind die Nobelhotels von Barbados aufgereiht wie die sprichwörtlichen Perlen auf der Schnur. Zwischen den großen Anwesen bleibt immer wieder Platz für kleine Vorgärten, und hinter den Zäunen wetteifern gepflegte *chattel houses* darum, welches das schönste im ganzen Lande ist. Hin und wieder kann der Blick auch ein Stück Strand erhaschen. Glatt, klar und blau döst das Meer unter der Sonne. Palmen und andere Bäume wachsen bis dicht ans Ufer, spenden wohltuenden Schatten in der Mittagsglut. In einer kleinen Bucht ruhen Fischerboote und Netze im Sand, Männer zerlegen silbrig glänzende Fischleiber in dicke Scheiben dunkelroten Fleisches – idyllische Impressionen, die diese Küstenstraße entlang des Karibischen Meers in Fülle bietet.

Die Westküste von Barbados – hierunter versteht man St. James (ca. 21 000 Ew.), den kleinsten, aber feinsten der elf Verwaltungsbezirke. Während die prächtigen Villen direkt am Meer meist im Besitz wohlhabender Ausländer sind, leben viele Bajans daneben weiterhin in ihren gepflegten *chattel houses*. Schön, dass sie selbst hier, an dieser Renommierküste, noch nicht verdrängt worden

Die gesamte Westküste ist ein einziger langer Strand: Postkartenidyll in der Alleynes Bay

MARCO POLO TIPPS FÜR DEN WESTEN

1 Welchman Hall Gully
So sah Barbados zur Zeit seiner Entdeckung aus (Seite 59)

2 Sugar Museum
Erleben Sie, wie aus Zuckerrohr Zucker wird (Seite 60)

3 Fathoms
Ein Klassiker der Restaurantszene mit viel Atmosphäre (Seite 61)

4 Crystal Cove
Sportliches Verwöhnhotel der Luxusklasse (Seite 63)

---

sind. Denn gerade die Mischung aus Villen, die Hollywood von der Leinwand gehüpft zu sein scheinen, bunten Holzhäusern, noblen Hotelanlagen und lieblich üppiger Tropenvegetation macht die Westküste zur Schokoladenseite der Insel.

Wer hier Urlaub macht, gönnt sich meistens luxuriöse Verwöhnferien. Fast alle Hotels bieten einen hohen Standard und breit gefächerte Sportangebote. Die Strände sind makellos, wenn auch nicht immer sehr breit. Und wer lieber eine ruhige See als Spaß in den Wellen mag, der ist hier richtig.

Auf einer ausgedehnten Strandwanderung können Neugierige hier einem ganz besonderen Vergnügen nachgehen, dem *Hotelwatching*. Da ja alle Strände auf Barbados allgemein zugänglich sind, kann man ungehindert einen Blick auf die ersten Adressen der Insel werfen oder an ihren Stränden baden, auch wenn die eigene Unterkunft bescheidener ausgefallen ist.

Das Urlaubsleben spielt sich in den Hotels ab und am Abend auch in den Restaurants, die zum Teil wunderschön am Meer gelegen sind. Denn es gibt außer Holetown keine richtige Ortschaft, in der man abends bummeln könnte. Trotzdem sollten Sie es, auch wenn Sie Halbpension gebucht haben, auf keinen Fall versäumen, einige der Lokale auszuprobieren. Denn an der Westküste liegen die besten Restaurants der Insel. Schön, dass manche Hotels die Gäste – trotz Halbpension – nicht ans Haus binden, sondern ihnen die Wahl lassen, auch einmal aushäusig zu dinieren.

Abendunterhaltung mit Live-Musik und Shows gehört zum Programm aller großen Hotels. Wer das wirkliche Nightlife von Barbados kennen lernen will, der sollte allerdings nach Bridgetown oder an die Südküste aufbrechen. Ausnahme: das Coachhouse.

Im Zentrum der Westküste liegt *Holetown*. Hier gingen 1627 die ersten englischen Siedler an Land. Heute steuern beinahe alle Schiffsausflüge, allen voran das Piratenpartyschiff »Jolly Rogers«, das historische Holetown an, um über Mittag in der lang gezogenen Bucht vor Anker zu liegen. Sonst erinnert wenig an das historische Ereignis. Doch alljährlich im Februar wird mit einem großen Fest die Erinnerung

DER WESTEN

an die Gründertage lebendig gehalten. Anfangs hieß der Ort St. James Town, dem regierenden König zu Ehren. Später wurde daraus Holetown, nach »The Hole« an der Themse. Denn wie dort konnten auch hier Schiffe mit geringem Tiefgang in den Fluss – heute eher ein Bach – einfahren. Das Zentrum des Ortes besteht nur aus ein paar alten Häusern und einer hübschen Kirche. Nach Holetown kommen die meisten Besucher aber nicht deswegen, sondern wegen der zahlreichen Restaurants, denn der Ort ist der gastronomische Mittelpunkt dieses Küstenstreifens.

Ein wenig weiter Richtung Norden liegt eine andere Attraktion: der *Royal Westmoreland Golfplatz*. Auch Nichtgolfer sollten einen Blick auf die Anlage werfen – zumindest von der Seitenstraße her, die ganz dicht an den Greens vorbeiführt.

Doch der Westen besteht nicht nur aus Küste und Golfplatz. Das landschaftlich reizvolle und abwechslungsreiche Hinterland von St. Thomas (ca. 11 600 Ew.) bietet Tropfsteinhöhlen, Schluchten voller Dschungelvegetation, schier endlose Zuckerrohrplantagen sowie weite Ausblicke über die Insel von den beiden höchsten Bergen des Landes aus: dem Mount Misery (328 m) und dem Mount Hillaby (340 m). Während der Mount Misery an seinen hoch aufragenden Antennen gut zu erkennen ist, macht der Mount Hillaby seine Erkundung leicht zu einer Odyssee. Schilder? Die scheinen Schildbürger aufgestellt zu haben. Aber man kann sich ja durchfragen und dabei Einblicke ins dörfliche Leben von Barbados gewinnen. Rund um die beiden Berge, oder besser Hügel, liegt eine Reihe von Siedlungen, in denen es viele schöne *chattel houses* zu entdecken

Das Esszimmer eines Plantagenbesitzers – Francia Plantation

gibt und deren Flair jede Großstadthektik und allen Alltagsstress in weite Ferne rückt. Endlich auf dem Mount Hillaby angekommen, liegt einem Barbados zu Füßen – zumindest seine östliche Hälfte. Und mit an Sicherheit grenzender Wahrscheinlichkeit ist man hier oben alleine. Denn der populärere Aussichtspunkt liegt weiter im Süden: Das ist *Gun Hill Tower and Signal Station*.

BESICHTIGUNGEN

Francia Plantation **(III/E 6)**
Mittelpunkt der bewirtschafteten Plantage, auf der heute in erster Linie der scharfe *hot pepper* angebaut wird, ist das schöne Plantagenhaus. Es befindet sich noch immer in Familienbesitz der Nachfahren des Gründers. Allerdings ist es auch das jüngste Plantagenhaus der Insel, aber gleichzeitig eines der wenigen, die ständig zu besichtigen sind. Es wurde zu Beginn des 20. Jhs. in einem Mischstil aus französischer und bajanischer Architektur erbaut. Die breite Außentreppe führt in eine Eingangshalle, deren Fußboden und Wandverkleidung aus dem dunklen, brasilianischen Hartholz *Sucupira* gefertigt wurden. Im Mittelpunkt thront ein viktorianischer »Liebessitz« mit Platz für die Anstandsdame. Das angrenzende Ess- und Wohnzimmer ist noch mit dem originalen Mobiliar der Erbauungszeit ausgestattet – zum Teil stammen die schönen Stücke aus dem 19. Jh. und sind aus einheimischem Mahagoniholz gefertigt. Außerdem ist eine interessante Sammlung alter Landkarten und Aquarelle mit bajanischen Sujets zu besichtigen. Von der rückwärtigen Veranda blickt man auf den terrassenförmig angelegten, großen Garten. *Mo–Fr 10–16 Uhr, Eintritt 9 Bds$, Tel. 429 04 74 nahe Gun Hill Signal Station, St. George*

Harrison's Cave gibt Einblick in die Unterwelt von Barbados

DER WESTEN

Gun Hill (111/E 6)

☼ An der hervorragenden Aussicht vom ehemaligen Wacht- und Signalturm im Hochland von St. George, dem bedeutendsten von insgesamt sechs *signal stations*, wo mit Flaggen Gefahr angezeigt werden konnte, hat sich in fast 180 Jahren nichts geändert. Der Blick reicht über die Küstenebene bis nach Bridgetown hinein. Die Passagiere der Kreuzfahrtschiffe, die hier regelmäßig auf ihrer obligatorischen Inselrundfahrt Halt machen, können von hier meist sogar ihr Schiff im Hafen erkennen. 1818 von den Briten erbaut, wurde der Turm 1982 restauriert. Neben der Aussicht gibt es eine alte Kanone und eine Sammlung militärischer Erinnerungsstücke zu betrachten. *Mo–Sa 9–17 Uhr, Eintritt 10 Bds$, St. George*

Harrison's Cave (111/D–E 4)

Die weitläufige Tropfsteinhöhle liegt ziemlich genau im geografischen Mittelpunkt und gleichzeitig nahe dem höchsten Punkt der Insel. Die Besichtigung findet per Bahn statt. Der 1,5 km lange Weg wird begleitet von plätschernden unterirdischen Flüssen, die mal als Miniwasserfälle Höhendifferenzen überwinden oder sich in Tümpeln sammeln, bevor sie weiterfließen. Am tiefsten Punkt stürzt ein 14 m hoher Wasserfall herab. Der Raum, der am meisten beeindruckt, ist die rund 40 m hohe so genannte »Kathedrale«. Die eigentlichen Stars, die prächtigen Stalaktiten und Stalagmiten, werden wirkungsvoll mittels zahlreicher Scheinwerfer ins rechte Licht gerückt. *Tgl. 9–16 Uhr, Eintritt 15 Bds$, St. Thomas, am Highway 2*

Welchman Hall Gully (111/D 4)

★ In der Nähe von Harrison's Cave gibt es in den Hügeln von St. Thomas eine zweite Naturattraktion. 270 m über dem Meeresspiegel befindet sich ein 15 m tiefer und 1,25 km langer Erdspalt, ein *gully*. Solche *gullies* entstehen, wenn die Decke eines unterirdischen Wasserlaufes einbricht. Manche sind bis zu 60 m tief. Unterirdisch existiert ein weitläufiges System von Flussläufen, das durch Auswaschungen im porösen Korallengestein entstanden ist, wie man es auch in Harrison's Cave sehen kann. Früher dienten die *gullies* als natürliche Plantagengrenzen. Welchman Hall Gully ist eine Schatztruhe für seltene Pflanzen und geologische Formationen. So sah Barbados aus, als die ersten Siedler die Insel betraten. Eine halbe Stunde spaziert man gemütlich auf dem 1,25 km langen, gewundenen Pfad, vorbei an mächtigen Bambusstauden, hohen Palmen, den »bärtigen« Feigenbäumen, undurchdringlichem Buschwerk und exotischen Blumen. Mit etwas Glück treffen Sie eine durch den Wald turnende Affenhorde. Die Schlucht ist von zwei Seiten zugänglich und führt übrigens ein Stück weit über Harrison's Cave hinweg. Die Bäume und Pflanzen tragen Nummern, so dass sie anhand eines Faltblattes identifiziert werden können. Nur manchmal vergisst man am Eingang, das Blatt auszuhändigen. Also nachfragen! ☼ Der Ausblick vom nördlichen Haupteingang auf die Ostküste hinunter ist ein zusätzliches Schmankerl des Ausflugs. *Tgl. 9–17 Uhr, Eintritt 12 Bds$, am Highway 2 nahe bei Harrison's Cave, St. Thomas*

MUSEUM

Sir Frank Hutson Sugar Museum & Seasonal Factory Tour (110/B–C 4)

★ Die *Portvale Sugar Factory* ist die größte der drei noch arbeitenden Zuckerfabriken. Hier wird während der Saison von Februar bis Mai Zuckerrohr zu Zucker und zu verwertbaren Beiprodukten wie Melasse – ein wichtiger Grundstoff für die Rumherstellung – verarbeitet. Das kleine Museum gibt eine anschauliche Einführung in die Geschichte des Zuckers. Zeichnungen, alte Maschinen und Gerätschaften veranschaulichen das Dargestellte. Das Museum ist ganzjährig geöffnet. Noch interessanter ist es, wenn während der Saison auch die arbeitende Fabrik besichtigt werden kann. Unter fachkundiger Leitung werden dann die verschiedenen Stadien der Herstellung erklärt. *Mo–Sa 9–17 Uhr, Eintritt 15 Bds$ inkl. Fabriktour, 5 Bds$ nur fürs Museum, neben dem Highway 2a, St. James*

RESTAURANTS

An der Westküste finden sich die besten Restaurants der Insel. Die Auswahl ist groß, und viele Gastronomen haben einen guten Ruf zu verteidigen. Trotzdem kann sich von einer Saison zur nächsten der Küchenchef eines Spitzenrestaurants selbstständig gemacht oder zur Konkurrenz gewechselt haben. Probieren geht also auch hier wie immer über Studieren.

Die meisten Lokale liegen direkt an der Küste und haben oft Meerblick. Auch alle Hotels der Luxusklasse verfügen über hervorragende eigene Restaurants. Manche bieten ihren Gästen (in Halbpension eingeschlossen) an, ohne Aufpreis in einigen vom Hotel ausgewählten Nachbarrestaurants speisen zu können. Eine gute Idee, denn es wäre schade, bei dem tollen kulinarischen Angebot jeden Tag im gleichen Restaurant dinieren zu müssen.

Ein wahres Bermuda-Dreieck ist Holetown. In zwei Längs- und zwei Querstraßen finden sich rund zehn Restaurants. Für jeden Geldbeutel etwas, doch sowohl das qualitative wie das preisliche Niveau sind hier höher als an der Südküste.

Bombas (110/A–B 5)

Kein Feinschmeckerrestaurant, sondern eine rustikale Beachbar in schöner Lage. Ein beliebter Treff zur Happy-Hour. Alle Gerichte unter 20 Bds$: Curries, Pasta, Vegetarisches, Hühnchen, Fisch, Burgers und Snacks. *Di–So 11–24 Uhr, Paynes Bay (nördlich der Beachcomber Apartments), St. James, Tel. 432 05 69, Kategorie 3*

Cliff (110/A–B 5)

Ein Ambiente wie im Theater: Im Halbrund erheben sich die Galerien über dem Parkett, das Meer ist die mit Fackeln erleuchtete Bühne. Gespielt wird jeden Abend das gleiche Stück: Gastronomie der Spitzenklasse mit ausgefallenen Kreationen, hervorragender Präsentation und liebenswertem Service. Entenbrust oder Jumbo-Shrimps mit Wermutsauce – die Wahl fällt schwer. Reservierung einige Tage im Voraus empfohlen. *Mo–Sa 18.30–22 Uhr, im Juni geschl., Derricks, St. James, Tel. 432 19 22, Kategorie 1*

DER WESTEN

Alles, was Sie über Zucker wissen wollen, erfahren Sie im Sugar Museum

Fathoms (110/A-B 5)

★ Das Meer rauscht, der Feigenbaum am Strand ein Prachtexemplar, die Polsterstühle sind bequem, die Atmosphäre stimmt, und das Essen ist vortrefflich. Vorneweg warmes Brot und Butter im Topf, danach *blackened shrimps* mit Mango, *ginger prawns à la Bali* oder *cashew speckled kingfish* mit Senfsauce – die Speisen hier sind besonders einfallsreich und köstlich. Bleibt lobend zu erwähnen: Es gibt auch gute Weine in halben Flaschen. Reservierung empfohlen. Im Obergeschoss lädt das *Revolution Café* zu Drinks ein. *Tgl. 12–15, 18.30–21.30 Uhr, die Bar öffnet um 11 Uhr, Paynes Bay, St. James, Tel. 432 25 68, Kategorie 2*

Indigo (110/A 4)

Mit Jason und Nick haben zwei junge Gastronomen, die ihre Erfahrung in First-class-Restaurants gesammelt haben, den Schritt in die Selbstständigkeit gewagt. Ihr Restaurant im Bistrostil besticht durch seine luftige Atmosphäre. Die leichten Speisen spiegeln Internationalität wider. Viele Fischgerichte. Die Bar wird vor allem am Wochenende zum lebhaften Szene-Treff, Reservierung empfohlen. *Mo–Do 18–1, Fr/Sa ab 18 Uhr, Ende offen, Holetwon, St. James, Tel. 432 29 96, Kategorie 2*

Mews (110/A 4)

Wohl etabliertes Lokal mit hervorragender Küche. Sashimi aus frischem lokalem Fisch zubereitet, gegrillter *Lemon Shark* – die Speisekarte wird täglich aktualisiert. Man sitzt im überdachten Hof mit rau verputzten Wänden und dekorativen Grünpflanzen oder im ersten Stock in verschiedenen, kleinen Räumen bei offenen Fenstern. Die gemütliche Bar im Eingangsbereich hat sich zum gepflegten Treff am späteren Abend entwickelt. Gute Weinauswahl, Reservierung empfohlen. *Mo–Fr 12–15 Uhr,*

Mo–Sa 19–22.30 Uhr, 2nd Street, Holetown, St. James, Tel. 432 11 22, Kategorie 1–2

Olives (110/A-B 4)

Die Lokalität: ein stattliches, historisches Eckhaus in Holetown aus massivem Korallengestein mit grünen Sprossenfenstern und schmalem, umlaufendem Balkon. Das Programm: Bar und Bistro unter einem Dach. Wobei Bistro eine glatte Untertreibung ist. Man speist entweder im Garten oder im schönen, hohen Gastraum drinnen. Die Küche mit karibisch-mediterranem Einschlag offeriert scharfes jamaikanisches *jerk pork* genauso wie Pizza und Thunfisch-*Carpaccio*. In der gemütlichen und luftigen Bar im Obergeschoss mit Sitzecke, Orientteppich und Zimmerpalme kann aus einer Plauderei schnell ein ausgedehnter Abend werden. Nicht zuletzt, weil der Barkeeper die hohe Schule des Mixens und Einschenkens ausgezeichnet versteht. *Tgl. 18.30 bis 22.30 Uhr, Bar länger, 2nd Str., Holetown, St. James, Tel. 432 21 12, Kategorie 1–2*

Raffles (110/A-B 4)

Ein Erinnerungsfoto vor dem großen Zebra gehört im Raffles genauso zu einem gelungenen Dinner wie das Sorbet zwischen den Gängen. Afrika in der Karibik: viel weiß lackiertes Holz, Sitzkissen im Leoparden-Look, »wilde« Tiere als dekorative Salonlöwen – die Einrichtung ist gekonnt kitschig, aber trotzdem irgendwie schön. Serviert werden Speisen zubereitet *à la nouvelle cuisine bajanne*: schmackhaft würzig mit einem Hauch von Raffinesse. Klimatisierter Speiseraum. Reservierung empfohlen. *Di–So 19–22 Uhr, 1st Str., Holetown, St. James, Tel. 432 65 57, Kategorie 1*

Ragamuffins (110/A-B 4)

Im Inneren des grün gestrichenen *chattel house* mit der kleinen Veranda stehen in gemütlicher Enge acht Tische. Die Tischdecken mit Blümchenmustern schaffen eine heimelige Atmosphäre. Unter der Decke hat sich ein Fischernetz zur Ruhe gehängt. Der Blick kann über den Bartresen in die kleine Küche schweifen. Im Hintergrund singt Bob Marley »Rastaman«. Die Speisekarte zeigt durchweg Karibisches. Eine Kostprobe: frischer Fisch, *blackened* zubereitet, dazu gebratene Kochbananen *(plantain)*. *Mo–Sa 18.30–21.30, Bar ab 17 Uhr, 1st Str., Holetown, St. James, Tel. 432 12 95, Kategorie 2*

The Restaurant (110/B 4)

Auch wenn das Sandy Lane Hotel zur Zeit neu erbaut wird, im Golfclub lebt der kulinarische Geist dieses bekanntesten Hotels von Barbados weiter. Die Speisekarte wechselt ständig. Sonntags gibt es ein Buffet und Jazz- und Steelbandmusik. *Di–So 7–21.30 Uhr, Sandy Lane Golf-Club, Sandy Lane, St. James, Tel. 432 28 38, Kategorie 1*

EINKAUFEN

Chattle House Village (110/A-B 4)

In mehreren Hütten wird die ganze Palette an Mitbringseln angeboten. Im Gourmet-Shop gibt es Leckereien aus aller Welt. *Unterschiedliche Öffnungszeiten, Holetown, St. James*

DER WESTEN

Earthworks Pottery (110/C5)
Die Töpferei bietet eine große Auswahl an geschmackvollen Keramikwaren mit ausdrucksstarken Formen und Mustern, als Farbe überwiegt der Grundton Blau in Abwandlungen. Die Werkstatt und die Verkaufsräume liegen etwas abseits im Landesinneren, die Fahrt dorthin lohnt aber. *Mo–Fr 9–17, Sa 9–13 Uhr, Edgehike Heights 2, St. Thomas*

Gatsby Boutique (110/A 3)
Exquisite Damen- und Herrenmode auch internationaler Modemacher – die richtige Adresse für alle, die das nötige Kleingeld haben und sich ihr Designerstück unbedingt im Urlaub leisten wollen. Filialen in verschiedenen Hotels, größte Auswahl im: *Royal Pavilion (siehe Hotels), Mo–Fr 10 bis 18, Sa 10–14 Uhr*

Gaye Boutique (110/A-B 4)
Ausgefallene Beach- und Freizeitmode von hoher Qualität zu angemessenen Preisen. Hier macht das Stöbern Spaß. *Mo bis Fr 9–17, Sa 9–13 Uhr, Holetown, St. James*

Simons (110/A 5)
Der britische Designer Simon Foster lebt seit langem auf Barbados. Er verarbeitet mit Vorliebe Naturmaterialien. Seine Kollektionen sind weit über die Insel hinaus bekannt. *Mo–Fr 9–17, Sa 10–13 Uhr, im Juni geschl. (gegenüber vom Treasure Beach Hotel), Payne Bay, St. James*

HOTELS

Den Charakter der Westküste bestimmen die luxuriösen Feriendomizile. Hier liegen einige Hotels, die zu den besten der Karibik zählen. Dazwischen existieren auch einige kleinere und preiswertere Anlagen, die jedoch eindeutig in der Minderzahl sind. Erscheinen die Individualpreise auf den ersten Blick unerschwinglich, so ist gut zu wissen, dass einige der Luxushotels in Pauschalangeboten zu durchaus besseren Konditionen angeboten werden.

Colonial Club (110/A 3)
Weitläufige Anlage an einem sehr schönen, ruhigen Strandabschnitt nördlich von Holetown. Hohe Palmen überragen die zweistöckigen Gebäude im Kolonialstil. ==Einfallsreich die Zimmer== mit eigenem Zugang zu einer der vier Badelagunen, die eher wie Bäche als Pools wirken. Der Garten voller tropischer Pflanzen ist zum Strand hin offen. Neben dem großen Freiluftrestaurant kann man festlich im *Orchid Room* tafeln. Tennisplätze, Fitnessraum, die Einrichtungen aller St.-James-Hotels können genutzt werden. *98 Zi., Porters, St. James, Tel. 422 23 35, Fax 422 06 67, Kategorie 1*

Crystal Cove (110/A 6)
★ Über einen kleinen Hang verstreut liegen die zweistöckigen Wohnhäuser. Strahlend weiß mit Farbtupfern in Türkis, Lila und Pink, fügen sie sich wunderbar in den Garten mit seinen tropischen Pflanzen und hohen Palmen ein. Von den meisten der großen Balkone (mit Hängematten) genießt man einen wunderschönen Blick aufs türkisfarbene Meer. Die Zimmer sind exquisit eingerichtet mit großen Spiegeln und üppigen Stoffdekorationen. Das

Das Crystal Cove eröffnet den Reigen luxuriöser Hotels an der Westküste

Ambiente ist hell, freundlich und luxuriös. Ein Wasserfall trennt die Bar von den Badelagunen, die an Tropenflüsse erinnern. Am schönen Strand gibt's Wasserski, Windsurfing, Kajak, Sunfish- und Katamaransegeln und Schnorcheln ohne Aufpreis. Tauchen kann arrangiert werden. Restaurant und Beachbar. Die Einrichtungen der anderen drei St.-James-Hotels können ebenfalls genutzt werden. Über Tag verkehrt zwischen den Anlagen ein kostenloses Wassertaxi. *88 Zi., Appleby, St. James, Tel. 432 26 83, Fax 432 82 90, in Deutschland: Tel. 089/55 53 39, Fax 523 22 12, Kategorie 1*

Europa (**110/A-B 4**)
Mitten im Villengebiet von Sunset Beach liegt diese Apartmentanlage. Die Reihenbungalows bilden einen Bogen um den Swimmingpool. Die Zimmer sind schlicht ausgestattet, aber für Reisende, die mit einem schmaleren Budget an der Westküste wohnen wollen, eine gute Alternative. Es kann allerdings sehr heiß werden, da keine Brise vom Meer her weht. Einkaufsmöglichkeiten nahebei. Ein Restaurant gehört zur Anlage. Unter gleicher Leitung werden noch weitere Apartments in der Gegend gemanagt. *49 Zi., Homar Rentals Ltd., Europa, Palm Avenue, Sunset Crest, St. James, Tel. 432 67 50, Fax 432 72 29, Kategorie 2-3*

Mango Bay (**110/A 4**)
Das kleine Alles-inklusive-Hotel der gehobenen Mittelklasse liegt im Herzen von Holetown, direkt am lebhaften Strand. Großes Sportangebot, alle Zimmer mit

DER WESTEN

TV, die meerseitigen Suiten sind sehr schön. Der Tischwein im Restaurant ist nicht inklusive. Statt im hoteleigenen, offenen Restaurant, in dem die gemalten Mangobäume bis zur Decke wachsen, kann auch mal in verschiedenen Lokalen außerhalb gegessen werden. *64 Zi., 2nd Str., Holetown, St. James, Tel. 32 13 84, Fax 432 52 97, www.barbados.org, Kategorie 1 (alles inklusive)*

Royal Pavilion (110/A 3)
Nördlich von Holetown an der Alleynes Bay genießen das Royal Pavilion und sein Schwesterhotel Glitter Bay den Luxus, ohne unmittelbare Hotelnachbarn residieren zu können. Beide Hotels liegen jeweils in einem großen Park. Das Pavilion ist im Kolonialstil erbaut und ganz in Rosa gehalten. Der Zimmerkomplex steht mit der Front dicht am Meer. Von geräumigen Wohn-Patios, über die alle Zimmer verfügen, läßt sich ein traumhafter Meerblick genießen. Zwei Restaurants liegen ebenfalls direkt am Meer. Die *Palm Terrace* ist ein geschmackvoll eingerichtetes Gourmetrestaurant. In der anschließenden Lounge wird nachmittags der Tee serviert. Direkt vor dem Hotel ist der Sandstrand zwar schmal, aber eine breitere Bucht schließt sich an. Der Pool ist sportlich rechteckig. 2 Tennisplätze, großes Wassersportangebot inklusive, Tauchen gegen Gebühr. *72 Zi. und eine Villa mit 3 Zi., Pemberton Hotels, Porters, St. James, Tel. 422 55 55, Fax 422 39 40, www.cphotels.com, Kategorie 1*

Sandpiper Inn (110/A 4)
Zwei zweistöckige helle Gebäude im Bungalowstil mit Giebeldächern, viel dunklem Holz und geräumigen Terrassen bzw. Balkonen begrenzen quer zum Strand einen Garten. Eine Holzplattform bildet den Übergang vom Garten zum Strand. Mittendrin eingebettet befindet sich das schöne, offene Restaurant. Die mit persönlichem Stil geführte kleine Anlage liegt zentral am Strand von Holetown. Windsurfen, Segeln und Schnorcheln ist für Hausgäste ohne Zusatzgebühr möglich. *45 Zi., St. James Beach, St. James, Tel. 422 22 51, Fax 422 17 76, www.barbados.org, Kategorie 1*

Settlers Beach (110/A 4)
Die Villen verteilen sich großzügig in einem Garten, der direkt an den Strand von Holetown stößt. Alle Ein- oder Zwei-Schlafzimmer-Apartments sind luxuriös ausgestattet. Auf dem Gelände befindet sich ein erstklassiges französisches Restaurant. Mit Swimmingpool. Spezielle Angebote für Familien. *22 Cottages, Holetown, St. James, Tel. 422 30 53, Fax 422 19 37, www.barbados.org, Kategorie 1-2*

Smuggler's Cove (110/A-B 5)
Kein schönes, aber ein zweckmäßiges Bauwerk: Das Hotel erhebt sich drei Stockwerke hoch quer zum Strand. Die Zimmer sind einfach, mit Rattanmobiliar und einer Küchenzeile ausgestattet. Der Strand direkt vor dem Hotel, der zu den schönsten Abschnitten der Westküste gehört, kann über den etwas lieblosen Charakter des Mittelklassehotels aber hinwegtrösten. Pool, Restaurant. *21 Zi., Paynes Bay, St. James, Tel. 432 17 41, Fax 432 17 49, Kategorie 2*

Tamarind Cove (110/A-B 4)
Das größte unter den St.-James-Hotels. Wer hier wohnt, darf die Einrichtungen aller Hotels der Kette kostenlos nutzen. Die Gebäude im spanischen Haziendastil erstrecken sich über verschiedene Trakte parallel zum über 250 m langen Hausstrand. Vier Pools im Garten zwischen Hotel und Strand, Fitnesscenter. Mehrere Restaurants, darunter das auf Meeresfrüchte spezialisierte *Neptune*. Ein gutes Hotel für Familien. *166 Zi., Tel. 432 13 32, Fax 432 63 17 (in Deutschland s. Crystal Cove), Kategorie 1*

SPIEL UND SPORT

Wassersport bietet so gut wie jedes Hotel an. Zusätzlich sind am Strand Beachboys mit Jetskis unterwegs, die man mieten kann. Oder Sie buchen einen *ride* auf dem Sozius. Über das vor allem am Morgen oft spiegelglatte Wasser freuen sich besonders die Wasserskiläufer.

Golf (110/B 2-3)
Royal Westmoreland Golf & Country Club: Der 27-Loch-Platz, par 72, von Robert Trent Jones jr. gestaltet, ist der schönste Platz auf der

Hier gingen 1627 die ersten Siedler an Land: Holetown Beach

DER WESTEN

Insel. (*Westmoreland, St. James, Tel. 422 46 53*); und *Sandy Lane Hotel & Golf Club,* 18-Loch-Platz, par 72 (*St. James, Tel. 432 1311*)

Reiten (111/E 5)
Beau Geste Stables, Ausritte für Fortgeschrittene, *Allison Cox, The Hope, St. George, Tel. 429 01 39*

Strände
Die Westküste ist ein einziger Strand. Das Band aus weißem Sand wird höchstens einmal von ein paar Felsbrocken kurz unterbrochen. Vom Tamarind Cove an kann man bis hinter den Colony Club Richtung Norden laufen. Die Strandlinie folgt den leicht geschwungenen Buchten. So ergeben sich immer wieder neue Perspektiven. Besonders schön ist die *Paynes Bay* beim Treasure Beach Hotel, die *Sandy Lane Bay* beim Sandy Lane Hotel, das völlig neu erbaut wird, und das nördliche Ende der Holetown-Bucht beim Colonial Club. Manchmal ist der Strand schmal, manchmal breit, das Wasser ist immer flach abfallend und durch vorgelagerte Riffe sehr ruhig. An einigen Stellen können allerdings Korallenplatten den Einstieg erschweren.

Tauchen (110/A 4)
Die vorgelagerten Korallenriffe sind durchweg sehr schön, und das versenkte Wrack des griechischen Frachters »Stavonikita« ist eine Tauchattraktion. Etliche Tauchschulen haben sich entlang der Küste niedergelassen. Empfehlenswert und mit guter Ausgangsbasis zur »Stavo« und den Riffen: *West Side Scuba Centre, Baku Beach, Holetown, St. James, Tel./Fax 432 25 58*

AM ABEND

Casbah Nightclub (110/A 4)
Fantasievoll gestaltete Diskothek. Es ist der populärste Nachtclub der Westküste. Die lange, geschwungene Theke lädt zum ungezwungenen Kennenlernen ein, die Sitzgruppen in orientalischem Ambiente zum ungestörten Plaudern. An manchen Abenden Livemusik. *Tgl. 22-4 Uhr, Baku Beach, Holetown, St. James, Tel. 432 22 58*

Coach House (110/B 5)
❂ ★ Der kleiner Bruder vom *Ship In* in St. Lawrence Gap ist der einzige wirkliche Nachtclub an der ganzen Westküste – außerhalb eines Hotels, versteht sich. Musik gibt's zwar jeden Abend – doch meist vom Band. Die Nacht der Nächte ist Donnerstag, dann tanzt hier der Bär. Trotzdem ist die Atmosphäre familiärer und persönlicher als in den Lokalen an der Südküste. Zu essen gibt es natürlich auch etwas. Das separate Restaurant *Island* ist *tgl. von 18.30 bis 22.30 Uhr geöffnet, Tel. 432 28 19, The Verandah & Garden, 18–23 Uhr.* Kostenloser Taxi-Shuttle-Service von und zu den Hotels der Westküste. *Tgl. 18 bis 2 Uhr, So-Fr Lunch 12–14.45 Uhr, Paynes Bay, St. James, Tel. 432 11 63*

Crocodile's Den (110/A–B 5)
❂ Das hübsche *chattel house* ist ein Treff für Nachtschwärmer und Liebhaber von Poolbillard. Freitags und/oder samstags tanzen hier auf der »Fiesta Latina« Fans lateinamerikanischer Musik zu heißen Rhythmen. *Tgl. von ca. 17 Uhr bis der letzte Gast geht, Tel. 432 76 25, gegenüber vom Treasure Beach Hotel, St. James*

DER NORDOSTEN

Ungezähmte Landschaften von wilder Schönheit

Ein Inselteil voller Kontraste: kraftvolle Wellen, einsame Strände und bizarre Hügel im Osten, raue Atlantikstimmung am Nordkap und Karibikidyll rund um Speightstown

Grollende, tosende Brandung bricht sich mit schäumender Gischt an einsamen Felsen. Der Dunst des aufwirbelnden Wassers vernebelt die Luft, macht das milde Abendlicht noch weicher, läßt die Palmenwedel matt glänzen und rückt die nahen Hügel scheinbar in weite Ferne. Schauplatz dieser wildromantischen Szene: der kleine Ort Bathsheba in der Mitte der Ostküste. Hier rollen die mächtigen Wellen, getrieben vom Passat, vom offenen Atlantik direkt auf die Insel zu. Ein paar ausgewaschene Felsblöcke zeugen vom Kampf der Elemente.

Nördlich von Bathsheba lecken die weißen Zungen der Brandung am kilometerlangen Sandstrand. Die vorgelagerten Korallenriffe werden nur bei Niedrigwasser sichtbar. Sie sind tückische Hindernisse, die Badenden an den meisten Stellen den Spaß verderben. Mutige Surfer trotzen dennoch den Gefahren, um auf meterhohen Wellen zu reiten.

Die Ostküste ist kaum besiedelt. Neben Bathsheba ist Belleplaine die einzige Ortschaft, die eine solche Bezeichnung verdient. Die beiden *parishes* (Gemeinden) St. Joseph (ca. 7600 Ew.) und St. Andrew (ca. 6300 Ew.) haben die geringste Bevölkerungsdichte der Insel. Während Bathsheba noch Ansätze einer touristischen Infrastruktur mit Unterkünften und Restaurants besitzt, fehlt diese weiter nördlich vollständig. Dafür ist die Landschaft umso reicher an natürlicher Schönheit.

Im Rücken von Bathsheba erheben sich ausgedehnte grüne Hügel, an deren Hängen Bananenstauden und Kokospalmen wachsen. Richtung Norden werden sie an der Küste von bizarr geformten Sandsteinfelsen abgelöst, um dann den Blick auf eine Hügellandschaft freizuge-

Tent Bay – unweit von Bathsheba

ben, die ihrem Namen, *Scotland District*, alle Ehre macht. Ein dünner grüner Teppich aus Gras und niedrigem Buschwerk bedeckt statt üppiger Tropenvegetation ihre runden Kuppen. Doch in den geschützten Tälern liegen Obstplantagen mit Mango- und Kirschbäumen verborgen.

Weiter nach Norden hin flacht sich die Insel wieder ab. Hier, in St. Lucy (ca. 9500 Ew.), bestimmen weite Zuckerrohrplantagen die Landschaft. Ganz im Norden werden sie von Rinderfarmen und Gewächshäusern abgelöst. Die Küste selbst ist zerklüftet und ohne Strände. Der hohe Salzgehalt der Luft lässt nur eine spärliche Vegetation gedeihen. Auf den Klippen an der River Bay, einem Picknickplatz, oder am Nordkap kann man sich den Wind um die Ohren pusten lassen, die gesunde Luft inhalieren, sich träumend dem Rhythmus der hoch aufspritzenden Brandung hingeben und dabei völlig vergessen, dass man auf einer Karibikinsel weilt.

Südlich vom *Harrison Point Lighthouse,* an der nördlichen Westküste, wird es dann wieder umso karibischer. Hier, im Windschatten, bietet sich das Bild, das wir schon von der südlicheren Westküste her kennen: Palmen, Sandstrände, türkisfarbenes, ruhiges Wasser. Zentrum dieser Gegend ist das Städtchen Speightstown in St. Peter, dem einzigen Bezirk mit zwei Küsten. Doch die recht große Distanz zu Bridgetown und zum Flughafen hält die touristische Entwicklung hier noch in Grenzen. So ist dieser Küstenabschnitt reicher an Fischersiedlungen als an Hotels oder gar Restaurants.

Auch südlich von Bathsheba reizen an der Ostküste in erster Linie die abwechslungsreichen Landschaften. Über mehrere Kilometer hinweg fällt das Land relativ steil von knapp 300 m auf Meereshöhe ab. ❊ *Hackleton's Cliff* bietet traumhafte Aussichten, und an seinen Hangen wächst zum Teil noch ein Wald, wie er ursprünglich die ganze Insel bedeckte. Im Hinterland von St. Joseph und St. John liegen wiederum ausgedehnte landwirtschaftliche Besitzungen mit einer

MARCO POLO TIPPS FÜR DEN NORDOSTEN

1 Round House
Der In-Treff in Bathsheba (Seite 75)

2 Sea-U
Kleine Pension mit Charme und einem fantastischen Ausblick aufs Meer (Seite 77)

3 Bath Recreation Park
Schöner Strand mit Schatten spendenden Casuarinen (Seite 77)

4 Cattlewash Bay
Sand und Wellen, so weit das Auge reicht (Seite 77)

5 Farley Hill National Park
Ehemals Filmkulisse, heute ein Ort zum Träumen (Seite 79)

6 Mango's by the Sea
Auf der Veranda lässt sich's gemütlich dinieren (Seite 81)

DER NORDOSTEN

hohen Konzentration von gut erhaltenen Plantagenhäusern.

Während sich die Küstenstraße ein Stück weit im Landesinneren hügelauf, hügelab durch Bananen- und Zuckerrohrfelder sowie durch verstreute Siedlungen schlängelt, verstecken sich in abgeschiedenen Buchten wie der *Martins* oder *Consett Bay* einfache Fischersiedlungen. Zwischen beiden liegt der schöne Strand von *Bath*, am Wochenende das Mekka vieler bajanischer Erholung Suchender.

Im Nordosten zeigt Barbados sein ursprüngliches Gesicht, und es gibt viele interessante Sehenswürdigkeiten zu erkunden – Gründe genug, auf Entdeckungsfahrt zu gehen, individuell oder mit einer organisierten Tour. Vielleicht haben Sie ja sogar Lust, ein paar Tage in der ruhigen Atmosphäre der Nord- oder Ostküste zu verbringen.

BATHSHEBA UND DER OSTEN

(112/113) An den Hang schmiegen sich bunte *chattel houses*. In den Gärten rundherum wachsen hohe Palmen, Bananen und allerlei Blumen. Die Straße führt nur ein Stück eben am Ufer entlang, denn zu beiden Seiten der Bucht zwingen Hügel sie zu steilem Aufstieg. Eine kleine Bar, ein unscheinbarer Supermarkt, ein alter Mann, der im Eingang seines Hauses döst – Bathsheba ist ein verträumter Ort. Die meisten ausländischen Besucher halten nur kurz während einer Inselrundfahrt, werfen einen Blick auf die dramatische Szenerie an der *Soup Bowl*, der Suppenschüssel, mit dem tosenden Meer zwischen den malerischen Monolithen, die Bathsheba zu einem überaus beliebten Fotomotiv der Insel machen. Nur wenige bleiben über Nacht.

Dabei genoss der Ort um die Jahrhundertwende eine große Beliebtheit als Sommerfrische. Damals gab es hier sogar eine Eisenbahnlinie. Alles, was vom einstigen Glanz übrig geblieben ist, sind die Ruinen der Eisenbahnbrücke über Joe's River. Inzwischen ziehen die andersartige, wilde Landschaft, die salzig reine Luft und das Fehlen jedweden Trubels auch wieder einheimische Erholung Suchende, vor allem gestresste Bridgetowner, an. Ein Sonntagsausflug mit der ganzen Familie oder Freunden erfährt seinen Höhepunkt beim ausgiebigen Lunch im Edgewater Inn oder im Atlantis.

Nördlich vom eigentlichen Bathsheba, an der Cattlewash Bay – dort, wo der lange Sandstrand beginnt –, haben wohlhabende Bajans Ferienhäuser in den lockeren Sand am Strand gebaut. Sie erinnern an kalifornische Beachhäuser. Außerhalb der bajanischen Ferien werden manche von ihnen auch an ausländische Gäste vermietet.

BESICHTIGUNGEN

Andromeda Botanic Gardens (112/B 3)
Der wunderschöne Garten breitet sich in Terrassen über einen Hang aus. Gewundene Pfade führen zu den verschiedenen Gartenbereichen, die ein harmonisches Ganzes bilden. Weiter unten liegt der Palmengarten, im oberen Teil blüht in allen Rot-

und Rosatönen ein Bougainvilleenhain. Dazwischen verwunschene Wiesen, schattenreiche Baumriesen, plätschernde Teiche. Hibiskus, Orchideen, Kakteen, Sukkulenten, Farne – die Gründerin, Iris Bannochie, trug in den Jahren 1954 bis 1988 Tausende von Pflanzen aus der ganzen Welt zusammen und verwirklichte auf dem alten Familienbesitz ihren Lebenstraum. Zu dem gepflegten Anwesen, das heute vom National Trust verwaltet wird, gehören auch ein Café mit Terrasse und eine Filiale der Best-of-Barbados-Läden mit einer recht ordentlichen Buchabteilung über Fauna, Flora und Geschichte von Barbados. Ein Faltblatt, das am Eingang ausgegeben wird, hilft bei der Identifizierung der wichtigsten Pflanzen. *Tgl. 9–17 Uhr, Eintritt 12 Bds$, Tel. 433 93 84, Bathsheba*

Codrington College (113/D 4)
Eine Allee aus stolzen Kohlpalmen säumt die leicht abfallende Einfahrt hinunter zum College. Sein Gründer, Christopher Codrington (1668–1710), gehörte zu einer der ältesten Pflanzerfamilien der Insel. Er studierte in England und war für die britische Krone als Diplomat und Soldat auf den Antilleninseln tätig. Das Plantagenhaus vermachte er einer religiösen Gemeinschaft. Vom ursprünglichen Entwurf eines vierflügeligen Gebäudes wurde nur der Südflügel verwirklicht, 1743 fertig gestellt und zwei Jahre später als Grundschule für eine kleine Elite eröffnet. Seit ca. 1830 fungiert das Haus getreu seiner eigentlichen Bestimmung als College. Heute wird es von der University of the West Indies und der theologischen Fakultät der Anglican Church der West Indies genutzt. Kapelle und Halle können *tgl. von 13 bis 16 Uhr* besichtigt werden. Abgesehen vom schönen Gebäude aus Korallengestein lohnt auch ein Spaziergang im Park. Neben den überaus prächtigen Bäumen am Teich existiert im hinteren, wilderen Teil ein Naturlehrpfad. *St. John*

Ragged Point (113/F 5)
An der Ostspitze der Insel treffen Atlantik und Karibisches Meer aufeinander. Einsam wacht ein Leuchtturm über der sonnenverbrannten Küste, an deren Felsen die Wellen schäumend branden. Der Blick reicht fast über die ganze Ostküste bis zur markanten Felsspitze *Pico Teneriffe* im Norden. Ragged Point ist ein schönes, ruhiges Plätzchen, um die wilde Schönheit der Küste zu genießen. *Das letzte Stück Straße ist nur noch eine Schotterpiste. St Philip*

St. John's Church (112/C 4)
Die Pfarrkirche von St. John liegt malerisch am Ende des Hackleton Cliff hoch über der Küste. Der Bau in seiner heutigen Form stammt aus dem Jahre 1836 und ist die bajanische Version des anglikanisch-neogotischen Stils. Für die sehenswerte, reich mit Schnitzereien versehene Kanzel von 1876 wurden vier einheimische und zwei importierte Holzarten verwendet. Auf dem alten Friedhof fallen die vielen Familiengrüfte auf. Die Eingänge sind halb verschüttet, nur die Dächer liegen über der Erdoberfläche. Die Kirche gehört zu den meistbesuchten Sehenswürdigkeiten der Insel. *St. John, am Ende des Highway 3b*

DER NORDOSTEN

Exotisch, empfindlich, kostbar: die Anthurien von Tropical Blooms

Tropical Blooms (111/F 3)

Im hügeligen Hinterland zwischen Horse Hill und dem Scotland District liegt die Anthurienfarm vom Tom Hinds. Sie ist nicht so einfach zu finden. Sie folgen dem Highway 3 Richtung Bathsheba und biegen in Horse Hill in der Nähe der Polizeistation nach links in die Suriname Road ein. Diese schmale Straße führt bergab zur Farm. Allein schon der Ausblick über Palmenhaine und Wiesen hinweg auf die Ostküste lohnt den Besuch. Die vielen kostbaren Blüten der ursprünglich aus den mittleren Andenregionen in Südamerika stammenden Anthurie wachsen unter Netzen, ohne je mit Erde in Berührung zu kommen. Statt dessen halten sich die Wurzeln der hochgezüchteten und sehr empfindlichen Pflanzen auf Kokosnussschalen, die mit Plastikfolie steril vom Boden fern gehalten werden. Das Herz jedes Blumenliebhabers schlägt höher beim Anblick der 25 000 Pflanzen mit ihren rund 30 000 bis 40 000 kostbaren Blüten in verschiedenen Rottönen, in Weiß und auch in Grün. Tom Hinds gibt gerne Auskunft über die Zuchtbedingungen der exotischen Grazien. Reisefertig verpackte Blumen aus seiner Farm kann man in der Wartehalle hinter der Pass- und Zollabfertigung am Flughafen kaufen. *Der Shop ist tgl. 7–10 und 13.30–20 Uhr geöffnet. Die Farm ist nach telefonischer Anmeldung zu besuchen. Suriname, St. Joseph, Tel. 433 13 00*

RESTAURANTS

Atlantis (112/B 3)

Einst war das Atlantis ein strahlender Stern am Hotelhimmel der Insel. Das ist lange, lange vorbei. Heute lohnt ein Besuch zum sonntäglichen Lunch. Punkt 13 Uhr wird das Buffet, auf dem sich die traditionellen Spezialitäten der Insel finden, eröffnet. Zur

Wahl stehen zwei Sorten Fisch oder Hühnchen als Hauptspeise, dazu Reis und eine große Palette an delikaten Beilagen. Man sollte den Teller schon beim ersten Mal vollpacken(!), denn ein zweiter Versuch, das Buffet zu entern, scheitert an den tadelnden Blicken der strengen Damen hinter den Töpfen. Solange man zurückdenken kann, wird das Buffet in dieser Weise zelebriert und nach wie vor von den überwiegend einheimischen Gästen meist schon fortgeschritteneren Alters geschätzt. Der Kokoskuchen zum Dessert gilt als der beste auf der Insel. Das Ambiente gleicht eher einem Wartesaal als einem Restaurant, das tut der Stimmung und dem Andrang aber keinen Abbruch. Bei der Reservierung (unbedingt notwendig!) sollte man darauf achten, einen Platz auf der überdachten Terrasse zu bekommen. Der Blick auf die Fischerboote in der Tent Bay ist romantisch. In der Woche wird mittags bajanische Hausmannskost serviert. Wer hier abends einkehren will, sollte seinen Besuch vorher ankündigen. *Tgl. 11–15, 18.30–19.30 Uhr, Tent Bay, Bathsheba, St. Joseph, Tel. 433 94 45, Kategorie 3*

Barclays Park (111/F 1)

❂ Eigentlich ein am Wochenende sehr frequentierter Picknickplatz, aber Bajans kaufen in dem kleinen Lokal meist nur Getränke. Schade, denn das *Flying-Fish-Sandwich* ist hervorragend. Mittags werden einheimische Gerichte wie *Beef Stew, Macaroni Pie* und mehr angeboten. Sandwiches gibt's den ganzen Tag. Von der netten, weiß gestri-

Die mächtigen Wellen in der Soup Bowl fordern die Besten unter den Surfern

DER NORDOSTEN

chenen Terrasse mit Meerblick lässt sich das Treiben rundherum gut beobachten. Samstags und sonntags bringen Sonderbusse Erholung Suchende an diesen schönen Strand. Es wird Kricket gespielt oder gekickt, man sitzt um die mit Ess- und Trinkbarem voll gepackten Holztische herum und tauscht Neuigkeiten aus, besucht die Bekannten am Nachbartisch und fischt sich hin und wieder einen Leckerbissen aus den zahlreichen Töpfen und Dosen. *Tgl. 9.30–18.30 Uhr, am Wochenende länger, Lunch von 11.30–15.30 Uhr, East Coast Rd., St. Andrew, Tel. 433 56 14, Kategorie 3*

Bonito Bar (112/A-B 3)
Hier kehren am Mittag gern die Rundreisegruppen ein. Die Lage gegenüber den Felsnadeln in der Bucht von Bathsheba ist schön. Die Aussicht kann man aber nur durchs Fenster bewundern, da es keine Terrasse gibt. *Tgl. 10–18, Mi, So 13–15 Uhr Buffet, Bathsheba, St. Joseph, Tel. 433 90 34, Kategorie 3*

Edgewater Inn (112/A 3)
◆ Der große Gastraum mit seinen schweren Mahagonimöbeln, den gemauerten Sitzecken, der dunklen Holzdecke und den bleiverglasten Fenstern erinnert eher an eine mittelalterliche Burg als an ein karibisches Restaurant. Doch von der verwinkelten Terrasse genießt man eine atemberaubende Aussicht auf die Küste und die Hügel des Schottland-Distriktes. Zur Mittagszeit wird ein Buffet angeboten, am Sonntag ein opulentes Brunch-Buffet. *Tgl. 7.30–21 Uhr, Lunch-Buffet 12–14.30 Uhr, So Brunch-Buffet 12.30–15 Uhr, Bathsheba, St. Joseph, Tel. 433 99 00, Kategorie 2–3*

Round House (112/A-B 3)
★ Die Besitzer stammen aus den USA, verliebten sich in diese wilde Küste und brachten mit ihrem Restaurant frischen Wind in die Abgeschiedenheit Bathshebas. Hier kann man abends ohne Voranmeldung vorbeischauen und wohlschmeckende Pasta, Pizzen und mehr aus der italienisch angehauchten Küche bekommen. Und zum Salat gibt's ein echt amerikanisches *Blue-Cheese-Dressing*. Das Round House ist eine renovierte alte Villa und liegt am Hang mit Blick auf Palmen, Meer und Küste. Tagsüber lädt die kleine Terrasse ein, zum Beispiel einen richtig guten Rumpunsch und die hervorragenden *Flying-Fish-Sandwiches* mit sechs verschiedenen *Dip-Saucen* zu probieren. Abends speist man im hellen Gastraum. Am Dienstag- und Samstagabend sowie Sonntagnachmittag gibt's Livemusik. *Mo–Sa 8–22, So 8–16 Uhr, Bathsheba, St. Joseph, Tel. 433 96 78, Kategorie 2–3*

EINKAUFEN

Chalkey Mount Potteries (111/E 2)
Hoch oben in den Hügeln des Schottland-Distriktes liegt das Töpferdorf. Die angebotenen Waren sind in traditionellen Formen und Farben schlicht gehalten. Die Monkeykrüge zur kühlen Aufbewahrung von Trinkwasser sind ein schönes und für Barbados typisches Mitbringsel. Man kann den Töpfern bei der Arbeit über die Schulter gucken. Nach Chalkey Mount führt von Belleplaine der Highway 2 Richtung Harrison's Cave/Welchman Hall Gully. Nach gut zwei Kilometern geht

links eine schmale Straße nach Chalkey Mount ab (ausgeschildert). *Mo–Sa 7.30–17.30 Uhr, So etwas verkürzte Öffnungszeiten, Chalkey Mount, St. Andrew*

John C. Mayers Batik Gallery (112/A-B 3)

Der junge Künstler John machte sich inzwischen mit seinen nach traditioneller indonesischer Art gefertigten Batiken inselweit einen Namen. Seine Arbeiten finden sich auch in manchen Galerien. Doch ein Besuch beim Künstler in seinem gemütlichen *chattel house* am Hang von Bathsheba ist die originellere Art, eines seiner schönen Stücke mit bajanischen Motiven zu erwerben. *Tgl. 8–16 Uhr, Bathsheba, Cleavers Hill, St. Joseph*

HOTELS

Die Unterkunftssituation an der Ostküste ist mehr als dürftig. Da das Schwimmen im Meer nicht uneingeschränkt möglich ist, wird diese Seite der Insel in erster Linie während einer Tagestour besucht. Kaum jemand, es sei denn, er ist eingefleischter Wellenreiter, bleibt über Nacht. Schade, denn die landschaftliche Schönheit und die einzigartige Atmosphäre gerade der Küste bei Bathsheba entfalten sich vor allem in den Abend- und Morgenstunden.

Edgewater Inn (112/A 3)

Das Hotel thront direkt auf den Klippen hoch über der schäumenden See. Das Haus wurde in den 80er-Jahren des 19. Jahrhunderts erbaut, und seit ungefähr 1930 ist es ein Hotel. Die Zimmer, vor allem die Suiten mit den Nummern 218 bis 221, die über den Klippen liegen, sind überaus geräumig. Schwere Mahagonimöbel, die neuen Radios im alten Look und die riesigen Bäder passen zum Stil des Hauses. Man fühlt sich um Jahrzehnte zurückversetzt, wobei der Standard für heutige Maßstäbe etwas zu kurz kommt. Sogar Telefon gibt es jetzt in jedem Zimmer. Nur zwei

Zum Schwimmen zu gefährlich, zum Wandern ideal – die Cattlewash Bay

DER NORDOSTEN

haben Balkons zum Meer hinaus: 221 und vor allem ==218, »the room with a view«==, denn von diesem Raum genießt man zusätzlich zum Meerblick noch eine fantastische Aussicht über die Küste nach Norden. Das Edgewater erinnert in seiner Abgeschiedenheit an Thomas Manns Zauberberg. *20 Zi., Bathsheba, St. Joseph, Tel. 433 99 00, Fax 433 99 02, www.edgewaterinn.com, Kategorie 2*

Round House (112/A-B 3)
Über dem Restaurant können relativ kleine, aber originelle Zimmer mit tollem Ausblick gemietet werden. Auf der Dachterrasse lässt sich's gut träumen. *4 Zi., Bathsheba, St. Joseph, Tel. 433 96 78, Fax 433 90 79, www.funbarbados.com, Kategorie 2-3*

Sea-U (112/B 3)
★ Die neue Pension wurde aus Holz im Kolonialstil mit großen, umlaufenden Balkonen erbaut. Die Studios sind geräumig und verfügen über eine kleine Küche. Umgeben von einem tropischen Garten blickt man direkt aufs Meer und kann dem Spiel der Brandung an den charakteristischen Felsen zuschauen. Zum Strand sind es wenige Gehminuten. Frühstück und Abendessen auf Wunsch. Unter deutscher Leitung. *5 Zi., Tent Bay, Bathsheba, St. Joseph, Tel. 433 94 50, Fax 433 92 10, www.funbarbados.com, E-Mail sea-u@caribsurf.com, Kat. 2-3*

SPIEL UND SPORT

Reiten (111/F 3)
Caribbean International Riding, Ausritte nach Voranmeldung, *Auburn Farm*, Nähe Highway 3, St. Joseph, Tel. 433 14 53

Surfen (112/A-B 2)
In der *Soup Bowl*, der Suppenschüssel, laufen die mächtigen Brecher des Atlantiks zu wahrer Größe auf. Eine Herausforderung, der sich die Könner unter den Wellenreitern risikobereit stellen. Wann immer es die Bedingungen zulassen, sind mit Sicherheit ein paar Einheimische mit dem Brett unterwegs und geben gerne Tipps. Surfboards können im *Bajan Surf Bungalow*, Tel. 433 92 78 oder bei *Smoky's* vis-à-vis vom Soup Bowl gemietet werden.

STRÄNDE

Bath Recreation Park (113/D 4)
★ Der südlichste unter den Ostküstenstränden ist gleichzeitig der einzige, an dem Baden ohne große Einschränkungen möglich ist. Im lichten Schatten der Casuarinen warten die unter der Woche meist verwaisten Picknickbänke auf den nächsten Wochenendansturm. Der Imbiss ist *tgl. 10–17, am Wochenende ab 9 Uhr bis abends geöffnet.*

Cattlewash Bay (112/A 2)
★ Nördlich von Bathsheba beginnt ein endloser Sandstrand. Auch wenn es an den meisten Stellen wegen der Korallenfelsen und der tückischen Strömungen schwierig ist zu schwimmen, so ist es doch ein Traumstrand. Am Beginn, im Ortsteil Cattlewash, säumen Beachhäuser seine Ränder, dann folgt kilometerlang nur Natur – bis Barclays Park und weiter bis über Belleplaine hinaus. Im Hintergrund bizarre Felsen und die runden Hügel des Schottland-Distrikts: ein Paradies für Strandwanderer.

SPEIGHTSTOWN UND DER NORDEN

(108/109) Speightstown (ca. 11 300 Ew.) ist nach Bridgetown die zweitgrößte Stadt der Insel. Von hier aus fahren die Busse zu den winzigen, verstreuten Gemeinden an der Nordspitze und nach Bathsheba im Osten. Es ist eine lebendige kleine Stadt, die die Bewohner des Umlandes mit dem Nötigsten versorgt. Touristische Attraktionen gibt es nicht. Doch ein Bummel durch die verwinkelten Straßen vorbei an vielen alten Häusern macht Spaß. Wenn man der Hauptstraße bis zum Meer folgt, landet man vor dem berühmtesten Lokal des nördlichen Barbados, dem *Fisherman's Pub* – ein guter Platz, um auf der Terrasse den Sonnenuntergang im Karibischen Meer zu genießen.

Der Highway 1 verläuft hinter der Ortschaft **(108/B 4-5)** *Mile and a Quarter* (wer hat's richtig vermutet: Dieser Ort liegt genau 1,25 Meilen von Speightstown entfernt) durch eine abwechslungsreiche Plantagenlandschaft. Die geköpften Türme der Zuckermühlen und stillgelegte Fabriken zeugen von Zeiten, als der Zucker noch die Insel regierte. Allmählich steigt die Straße an und führt in einen verwunschenen Mahagoniwald. Die Baumkronen schließen sich über der Straße zu einem lichten Tunnel. Durch das dichte Laubwerk und die Luftwurzeln anderer Bäume glaubt man fast, sich in einem Urwald zu befinden. Am höchsten Punkt von **(109/D 4)** *Cherry Hill* endet der Wald jäh – ✨ und die Ostküste liegt einem zu Füßen.

Die Straße schlängelt sich von hier ab mit recht steilem Gefälle bergab. Palmen und Rinderweiden säumen ihren Verlauf. Es eröffnen sich immer neue Aussichten auf die Küste und die Hügel des Schottland-Distriktes. Kurz vor Ende der Talfahrt auf diesem vielleicht schönsten Straßenabschnitt der Insel leuchten die weißen Segel der *Morgan Lewis Mill*, des Zuckermühlenmuseums, auf.

BESICHTIGUNGEN

Arbib Nature & Heritage Trail **(108/A 5)**
Geführte Wanderungen durch Schluchten und Zuckerrohrfelder sind eine gute Chance, das ländliche Barbados kennen zu lernen. Zwei unterschiedlich lange Strecken stehen zur Auswahl. *Mi, Do und Sa 14.30 Uhr, Anmeldung erforderlich, Eintritt 15 Bds$, Speightstown, St. Peter, Tel. 426 24 21*

Barbados Wildlife Reserve/ Grenade Hall Forest & Signal Station **(109/D 4-5)**
Inmitten eines Mahagoniwaldes liegt der 1985 eingerichtete Tierpark. Ein mit den Ziegeln der stillgelegten Zuckerfabriken gepflasterter Weg führt in engen Windungen über ein insgesamt nicht sehr weitläufiges Areal. Zu sehen gibt es Affen (die Grünen Meerkatzen), Rehe, Flamingos, Otter, Schlangen, Schildkröten, Fische, ein kleines Krokodil und einiges mehr. In einer großen Voliere sind auch Papageien zu Hause, allerdings wurden die Tiere nochmals in separate Käfige gesperrt. Für Familien mit Kindern mag der Besuch ein in-

DER NORDOSTEN

teressantes Erlebnis sein, insgesamt macht die Anlage aber eher einen deprimierenden Eindruck. Im Eintritt ist die Besichtigung der Grenade Signal Station und des 2 km langen Waldlehrpfades eingeschlossen. Das Gelände liegt einige Schritte oberhalb des Wild Life Reserve. Die Signal Station wurde nach fast vollständigem Verfall wieder hergestellt. Mittels einer Tonbandführung erfährt man das Wichtigste über diese für Barbados so typischen Türme. Fotos und Schrifttafeln ergänzen den historischen Exkurs. Im Untergeschoss zeigen Vitrinen archäologische Fundstücke. *Tgl. 10–17Uhr, Eintritt 23 Bds$, Farley Hill, am Highway 2, St. Peter*

Farley Hill National Park (108/C 5)
★ ☀ Hier drehten Harry Belafonte und Joan Fontaine Teile des Hollywoodklassikers »Island in the Sun«, der ja eigentlich auf Jamaika spielt. Das einst prächtigste Plantagenhaus der Insel ist leider bis auf die Fassade ausgebrannt. Doch selbst die Ruine vermittelt noch einen Eindruck vom ehemaligen Glanz des Anwesens und würde eine ideale Kulisse für einen Hitchcock-Film abgeben. Der Park ist nach wie vor wunderschön – eine Oase der Ruhe, besonders am frühen Morgen, wenn außer Vogelgezwitscher nichts die Stille unterbricht. Bänke laden im Halbschatten zum Verweilen ein. Bringen Sie sich etwas zu lesen mit, und genießen Sie in der frischen Kühle die Aussichten auf wogende Zuckerrohrfelder und auf die Ostküste. Für Kinder gibt's einen Spielplatz. *Tgl. 8.30–18 Uhr, Eintritt 3 Bds$ pro Fahrzeug, Broschüre 2 Bds$, am Highway 2, St. Peter*

Morgan Lewis Mill (109/E 4)
☀ Die einzige komplett erhaltene Zuckermühle der Karibik wäre auch heute noch funktionsfähig, wenn die Flügel mit Segeln bespannt wären. Über zwei Jahrhunderte lang prägten diese Mühlen das Bild jener Karibikin-

Farley Hill, einst eine der Filmkulissen von »Island in the Sun«

Morgan Lewis Mill, die einzige komplett erhaltene Zuckermühle

seln, die vom Zucker lebten. Ihre Mahlwerke pressten bis 1947 Saft aus dem Zuckerrohr. In der Mühle gibt es eine kleine Ausstellung zu sehen. Von oben genießt man einen schönen Blick auf die Ostküste. *Mo–Fr 9 bis 17 Uhr, Eintritt 10 Bds$, im Süden von Cherry Tree Hill, St. Andrew*

St. Nicholas Abbey (109/D 4)
Das im jakobinischen Stil erbaute Plantagenhaus stellt eine Rarität dar. Außer ihm existieren im amerikanischen Raum nur noch zwei Häuser im selben Stil. Es wurde zwischen 1650 und 1660 erbaut. Die Kamine im ersten Stock und die dazugehörigen markanten Schornsteine waren in der Karibik zwar überflüssig, da der Bauplan aber aus England kam und vor Ort nicht abgeändert werden konnte, wurden sie halt mitgebaut. Die Holzvertäfelung in den beiden großen Wohnräumen stammt von 1898, die Möbel zum Teil aus dem 18. Jh. und das englische Porzellan aus dem frühen 19. Jh. Die Plantage besteht seit 1640. Woher allerdings die Bezeichnung Abbey, Abtei, stammt, bleibt ein Rätsel. Nur das Erdgeschoss kann besichtigt werden, da sich das Haus immer noch in Familienbesitz befindet. *Mo–Fr 10 bis 15.30 Uhr, Eintritt 5 Bds$, St. Peter*

RESTAURANTS

Fischbraterei (108/A 5)
✪ Ein einfacher Verkaufsstand mit einem Holzkohlegrill, verschiedenen Töpfen, jeder Menge vorbereiteten Fischfilets, einem

DER NORDOSTEN

großen Kühlschrank voller Getränke – das sind die wichtigsten Zutaten für diesen kulinarischen Tipp für ausschließlich Fisch mit Beilagen. Gegessen wird von Plastiktellern, auf einer Holzbank unter dem nächsten Baum. *Fr ab 18 Uhr, Sa den ganzen Tag, Road View, südlich von Speightstown, St. Peter, neben dem Hotel Sandridge, Kategorie 3*

Fisherman's Pub (108/A 5)
✪ Das einfache Lokal mit einem täglich variierenden Tagesangebot an Speisen ist mehr Kneipe als Restaurant und am Wochenende der Treffpunkt in Speightstown. Es gibt eine Terrasse zum Meer hin. *Tgl. 8–24 Uhr, Fr, Sa auch länger, Speightstown, St. Peter, Tel. 422 27 03, Kategorie 3*

Mango's by the Sea (108/A 5)
★ Das gemütliche Restaurant mit der großen, mit Palmwedeln gedeckten Veranda und hängenden Porzellanlampen liegt mitten in Speightstown am Meer. Hier kommt täglich frischer Fisch auf den Tisch, einmal in der Woche ist *Lobsternight*. Aber auch die vegetarischen Spaghetti, die Rippchen und vor allem die Käsekuchen sind nicht zu verachten. Und der Service ist reizend. Eine kleine Galerie gehört zum Lokal. Auf Wunsch Shuttleservice. Die Zigarrenbar öffnet um 22 Uhr. *So–Fr 18–21.30 Uhr, West End, 2 Queen Str., Speightstown, St. Peter, Tel. 422 07 04, Kategorie 1–2*

Mullins (108/A 6)
Populäres Strandrestaurant am schönen Strand der Mullins Bay. *Tgl. 8.30 Uhr bis in die Nacht, Mullins Bay, St. Peter, Tel. 422 18 78, Kategorie 2–3*

HOTELS

Unmittelbar südlich von Speightstown gibt es noch eine Auswahl an Hotels, während nördlich des Ortes zur Zeit nur die beiden aufgeführten Hotels existieren.

Almond Beach Village (108/A 5)
Nördlich von Speightstown erstreckt sich die größte Hotelanlage der Insel am langen Strand der Six Men's Bay. Sogar ein Golfplatz wurde integriert. Die Zimmer, alle mit Balkon und TV, aber nicht sehr geräumig, sind in einzelnen zweistöckigen Gebäuden untergebracht. Wer gerne auf Barbados heiraten möchte: Das Hotel bietet entsprechende Arrangements an, und die alte Zuckermühle oder der Pavillon am Strand eignen sich hervorragend als Kulisse. Das Almond Beach Village und das kleinere Schwesterhotel *Almond Beach Club* an der Westküste sind Alles-inklusive-Hotels mit einem hohen Standard. Jeden Abend Live-Unterhaltung. Viele sportliche Aktivitäten wie Tennis, Fitnesstraining, Sauna, Gymnastik, Golf, Wasserski, Surfen, Schnorcheln, Bananaboot sind gratis. Ein Kinderclub kümmert sich um die Kleinen. Das familienfreundliche Village hat neun Pools. Im Rahmen des *Dine-around-Programms* können auch andere Restaurants an der Westküste besucht werden. *288 Zi., Speightstown, St. Peter, Tel. 422 49 00, Fax 422 06 17, Kategorie 1 (alles inklusive)*

Cobblers Cove (108/A 6)
Das Zentrum der noblen Hotelanlage, die aus zweistöckigen Gebäuden mit Giebeldächern im englischen Countryhouse-Stil

Im Almond Beach Village muss kein Wunsch offen bleiben

besteht, bildet eine herrschaftliche Villa. In ihr sind die Lobby und Bibliothek untergebracht. Alle Zimmer sind mit einer Kitchenette und Rattanmöbeln ausgestattet und haben große Wohnterrassen mit Blick aufs Meer. Tennis und Wassersport inklusive, im Winter nur mit Halbpension buchbar, Kinder unter 12 Jahren sind von Mitte Januar bis Mitte März nicht zugelassen, Mitglied der Relais-&-Château-Hotelgruppe. *40 Suiten, St. Peter, Tel. 422 22 91, Fax 422 14 60, www.barbados.org, Kategorie 1*

Kings Beach (108/A 5)
Der Strand mit seinen Bilderbuchpalmen fällt in die Kategorie Traumstrand. Das zweistöckige Hotel im spanischen Stil öffnet sich im Halbrund zum Strand, steht unter Schweizer Leitung und erfreut sich bei europäischen Pauschalurlaubern großer Beliebtheit. *57 Zi., Road View, St. Peter, Tel. 422 16 90, Fax 422 16 91, www.barbados.org, Kategorie 1*

Legend Garden (108/A 6)
Versteckt, aber direkt gegenüber vom Mullins-Strand liegt diese kleine, persönlich geführte Anlage inmitten eines Gartens. Die Apartments sind alle unterschiedlich in frischen Farben ausgeschmückt. Mit Pool. *8 Studio-Apartments, Mullins Bay, St. Peter, Tel. 422 43 69, Fax 422 20 56, E-Mail legendcondos@sunbeach.net, Kategorie 2-3*

Sandridge Beach (108/A 5)
Eine der wenigen preisgünstigeren Anlagen direkt am Strand. Der über drei Stockwerke errichtete Bau steht quer zum Strand. Eine Lagune trennt eine Art natürlichen Pool zum Schwimmen ab, der Strand vor dem Hotel ist zwar schmal, die Liegewiese mit Palmen aber ausgedehnt. Die meisten Zimmer haben eine Kitchenette. *58 Zi., St. Peter, Tel. 422 23 61, Fax 422 19 65, Kategorie 2*

Sugar Cane Club (108/B 4-5)
✻ Die Bungalows im spanischen Haziendastil liegen zwar nicht am Strand, dafür idyllisch einsam mitten auf dem Land. Es ist das nördlichste Hotel der Insel. Die meist einstöckigen Reihenbungalows haben eine Terrasse zum weitläufigen Garten, verfügen über eine kleine Küche,

DER NORDOSTEN

eine gemauerte Sitzecke und offene Giebel. Vom Swimmingpool in erhöhter Lage genießt man einen schönen Blick über Felder bis aufs Meer. Das angeschlossene Restaurant bietet eine internationale Auswahl an Speisen, so Italienisches, Kebabs und als Hommage an die deutschen Gäste Wiener Schnitzel *(Kategorie 2–3)*. Kostenloser *Shuttleservice* zu Stränden und Supermarkt. *22 Zi., Maynards, St. Peter, Tel. 422 50 26, Fax 422 05 22, Kategorie 2-3*

SPIEL UND SPORT

Golf (108/A 5)
Das Almond Beach Village besitzt auf dem Hotelgelände einen eigenen kleinen 9-Loch-Golfplatz, par 3. Die Nutzung ist für Gäste des Village und des Schwesterhotels Almond Beach Club kostenlos. *Tel. 422 49 00*

Strände
❖ Südlich von Speightstown lockt der breite und lebhafte Strand (**108/A 6**) der *Mulllins Bay* Einheimische und Gäste gleichermaßen an. Die Fliegenden Händler und die Beachboys mit den schnellen Jetskis pendeln ständig zwischen Mullins Bay und (**108/A5**) der *Six Men's Bay* beim Almond Beach Village. Dieser schöne Strand mit bis ans Wasser wachsenden Palmen und anderen Bäumen, darunter auch giftige *Manchineel Trees*, wird fast nur von den Hotelgästen genutzt. Nach Norden anschließend entsteht ein Yachthafen. Bleibt zu hoffen, dass der Strand darunter nicht leiden wird.

Wassersport
Alle Hotels bieten die üblichen Wassersportarten an, und in der Mullins Bay gibt es ebenfalls Angebote.

AM ABEND

Chattel Bar (108/A 5)
Die Bar in dem neuen *chattel house* ist am Abend nicht nur Treffpunkt der Gäste des Sandridge Beach Hotels, zu dem sie gehört. In gemütlicher Atmosphäre lässt sich hier der eine oder andere Drink genießen. *Tgl. 10.30–24 Uhr, vor dem Sandridge Hotel*

Fisherman's Pub (108/A 5)
Am Wochenende der lokale Treffpunkt in Speightstown.

Rum punch

Ein Reim verrät die klassische Zubereitung des Cocktails: »one-sour (Zitronensaft), two-sweet (Zuckersirup), three-strong (Rum), four-weak (Wasser und Eis)«, dazu ein Spritzer Angostura bitter und am Schluss mit einer Prise Muskat bestreuen.

Für Bajans ist ein *Rum punch* kein Alltagsgetränk, sondern für besondere Gelegenheiten wie Picknicks reserviert. Punsch wurde auch schon zu Beginn der Kolonialzeit auf Barbados getrunken. Die größte Punschschale wird Christopher Codrington zugeschrieben. Sie ist aus reich verziertem Silber und hat einen Durchmesser von 45,7 cm. Im 18. Jh. war eine Beerdigung ohne den Konsum einer großen Menge Punschs undenkbar.

Ursprüngliche Buchten und Strände

Die hier beschriebenen Routen sind in der Übersichtskarte im vorderen Umschlag und im Atlas ab Seite 108 grün markiert

① ZU URSPRÜNGLICHEN BUCHTEN UND STRÄNDEN

Entlang der Ostküste von Bathsheba geht's Richtung Süden bis zum Crane Beach Hotel an der östlichen Südküste. Auf der rund 30 km langen Strecke können Sie abgelegene Dörfer, malerische Buchten und einsame Strände entdecken. Je nachdem, wie lange Sie an den einzelnen Stopps verweilen, sind ein halber bis ein ganzer Tag zu veranschlagen. Eilige können diese Tour mit der anschließend beschriebenen Route »Durch die Mitte« verbinden.

Sie verlassen *Andromeda Botanic Gardens* (S.71) in Bathsheba Richtung Süden hügelaufwärts. An der nächsten Gabelung biegen Sie scharf links ab und folgen bis auf weiteres der schmalen, kurvenreichen East Coast Road. Hohe Kokosnusspalmen säumen die Straße zu beiden Seiten. Sie führt direkt auf eine Plantage zu, auf deren Hof der kegelförmige Turm einer alten Zuckermühle zu erkennen ist. Bananenfelder lösen Kokosnusspalmen ab – ein Zeichen dafür, dass Sie sich jetzt in Parish St. John befinden, in dem die meisten der süßen, gelben Früchte angebaut werden. Die Küste bleibt im weiteren Verlauf der Strecke zwar immer in Sichtweite – um direkt ans Meer zu kommen, müssen jedoch Abstecher auf Stichstraßen in die einzelnen Buchten unternommen werden.

Nach drei Kilometern zwingt eine Umleitung die Autofahrer, durch eine kleine Siedlung zu kurven. Die Hauptstrecke ist seit Jahren wegen Unterspülung gesperrt, und das wird wohl auch noch eine Zeit lang so bleiben. Was für den Bananenanbau ein Segen ist, wirkt sich auf den Straßenbau in dieser Region als Katastrophe aus: der Regen, der sich vor allem im Sommer und im Herbst manchmal in wahren Sturzbächen vom Himmel ergießt. Unaufhaltsam suchen sich die Wassermassen ihren Weg bergab ins Meer, werfen den Asphalt zu abenteuerlichen Bodenwellen auf oder lassen ihn einfach wegbrechen. Um eine bessere Grundlage zu schaffen, wird Korallengeröll in Drahtbehälter gefüllt. Die so entstehenden »Bausteine« werden in die Erde eingelassen und geben dem aufge-

ROUTEN AUF BARBADOS

tragenen Straßenbelag mehr Halt als loses Gestein.

Sie fahren vorbei an einer Hühnerfarm und an einer Grundschule, an der Kirche, die für die paar Häuser überdimensioniert erscheint, und wieder an Resten einer Zuckermühle –, und schon ist man wieder auf der Hauptstrecke. Wenig später geht's links ab zur *St. Martins Bay*. Die Straße führt gerade auf's Meer zu. Kissen und Polster liegen zum Lüften in den Fenstern der Häuser. Unten am Meer schlagen die Wellen fast an deren Fundamente. Nur wenige Menschen sind hier zu sehen. Alles macht einen etwas gottverlassenen Eindruck – für Melancholiker und Einsamkeit Suchende genau der richtige Ort.

Im Bogen führt die Straße wieder steil bergan. An der Kreuzung zur Hauptstraße findet sich linker Hand ein kleiner Supermarkt. Sie biegen links ab und fahren weiter Richtung Süden. Am Straßenrand machen Lilien mit purpurnen Blüten, die wie Lanzen senkrecht in die Luft stechen, gelbbunte Crouton-Büsche und das leuchtende Rot der Christsterne den Blick aus dem Fenster zu einer Augenweide. Dann weitet sich das Land, Felder und Wiesen breiten sich aus. Die Ruinen einer Zuckerfabrik weisen den Weg zum *Bath Recreation Park* (S. 77). Dichtes Zuckerrohr gibt erst spät den Blick auf die geschützte Lagune frei, den einzigen Platz an der Ostküste, an dem fast immer gebadet werden kann.

Zurück auf der Hauptstraße zwingen tückische Bodenwellen den Fahrer zur Aufmerksamkeit. Wenn Sie die Geschwindigkeit jedoch auf Schneckentempo reduzieren, sind sie allerdings problemlos zu meistern. Nach 10 km zweigt rechts eine Straße zur *St.-John's-Church* ab (S. 72). Hier sollten Sie unbedingt anhalten und aussteigen, weil nicht nur die Pfarrkirche selbst sehenswert ist, sondern auch ihre Lage hoch über der Küste fasziniert.

Sie behalten den südlichen Kurs bei und passieren ein lebhaftes Straßendorf und fahren dann in eine schattige Allee ein. Links sehen Sie die palmengesäumte Zufahrt zum *Codrington College* (S. 72). Kurz danach biegen Sie links ab Richtung Consett Bay. Die Straße macht einen Rechtsschwenk, und kurz darauf muss man erneut links abbiegen, sonst landet man wieder auf der Hauptstraße. Das einsame Sträßchen windet sich durch wild wucherndes Gebüsch der Küste entgegen. Recht unverhofft endet es in einer breiten Bucht. Bunte Fischerboote liegen auf dem Strand, ein Steg reicht weit in die durch Riffe geschützte Lagune hinaus. Einige wenige Ferienhäuser schmiegen sich an den Hang, ansonsten scheint das Ende der Welt erreicht.

Wenig später macht die Straße vor einem pinkfarbenen Haus mit einem Tante-Emma-Laden einen Schlenker. Wer Durst oder Hunger verspürt, sollte hier ein Getränk oder eine Knabberei kaufen. Allein der Blick in den Laden ist einen Stopp wert. Er ist voll gestopft mit Waren aller Art: Von Stoffen bis Nagellack gibt's hier fast alles. Und die freundliche alte Lady hält eisern Ordnung in ihrem Reich.

Noch eine letzte abschüssige Passage – am Park mit seinen

Picknickbänken zweigen Sie links ab –, dann ist der flache Süden erreicht. Bei km 19 heißt es scharf links Richtung Highway 5 abbiegen. Geradeaus ist der rostige Leuchtturm am *Ragged Point* (S. 72) auszumachen. Von nun an windet sich die Straße durch gleichmäßig besiedeltes Gebiet. Vis-à-vis eines Neubaugebiets zeigt ein unscheinbares Schild die Abzweigung zur *Bottom Bay* an (S. 53). So unscheinbar die Zufahrt, umso spektakulärer der Strand! Bei der Weiterfahrt müssen Sie bei km 25 am Stoppschild links abbiegen. Ein Schild weist auf Crane via Sam Lord's Castle hin. Am nächsten Stoppschild führt die Sackgasse nach links zum Hotel *Sam Lord's Castle* (S. 52). Sie halten sich rechts, um beim nächsten Stoppschild links abzubiegen. Wenn die Straße scharf rechts abknickt, ist geradeaus der Hinterausgang des *Crane Beach* (S. 52) erreicht.

Wer bisher weder in Bath noch in Bottom Bay gebadet hat, sollte sich jetzt in jedem Fall in die lang auslaufende Brandung von Crane Beach werden, anschließend seine durchgeschüttelten Glieder auf dem puderweichen rosafarbenen Strand ausstrecken und beim Blick auf die am blauen Himmel vorüberziehenden Passatwolken die Eindrücke der Fahrt Revue passieren lassen.

② DURCH DIE MITTE

Auf verschlungenen Pfaden quer über die Insel führt diese Tour von der lieblichen West- an die wildromantische Atlantikküste. Mit Einblicken ins dörfliche Leben und herrlichen Ausblicken werden Sie für die pfadfinderischen Mühen entschädigt, die diese Strecke erfordert. Für die rund 25 km sind ohne Stopps etwa zwei Stunden zu veranschlagen.

In Holetown biegen Sie an der kleinen Kirche gegenüber der 1st Avenue in Richtung Landesinnere ab. Vorbei an Villen und *chattel houses* steigt die Straße stetig an. Am großen Kreisverkehr queren Sie den Highway 2 a und lassen dabei die weiß gestrichene St. Thomas Parish Church rechter Hand liegen. Die Straße führt weiter hügelaufwärts. Bei der folgenden Gabelung halten Sie sich rechts. Casuarinen und Zuckerrohr säumen den Straßenrand. Beim Stoppschild geht's weiter geradeaus durch eine grüne und schattige Passage, überspannt von einem Torbogen. Dahinter stehen stattliche Kohlpalmen an der Straße. Wieder erreichen Sie ein Stoppschild und biegen diesmal links ab – der Rücken der Insel ist erreicht. Der Blick reicht weit über wogende Zuckerrohrfelder. Geradeaus sind Sendemasten auszumachen; sie stehen auf dem *Mount Misery* (S. 57), der mit 328 m zweithöchsten Erhebung auf Barbados.

Für eine Weile folgen Sie dann der Ausschilderung zum Flower Forest. Rechter Hand lösen Baumwollfelder das Zuckerrohr ab. Zur Reifezeit quillt aus den aufgesprungenen Kapseln die weiße Wolle. Dann folgen Weiden und linker Hand nach 5 km das *Highland Outdoor Center*. Kurz darauf folgen Sie der immer schmaler werdenden Straße bergab. Obwohl diese Passage die volle Aufmerksamkeit des Fahrers verlangt, sollte man den ersten Blick hinunter auf die Ost-

ROUTEN AUF BARBADOS

küste nicht versäumen. Rechts lassen Sie den unteren Eingang zum *Welchman Hall Gully* (S. 59) liegen. Es sei denn, Sie wollen die Gelegenheit nutzen, und sich bei einem Spaziergang durch diesen beeindruckenden Erdspalt gleich ein wenig die Beine vertreten. Der Gang durch die schmale Schlucht dauert nur etwa eine halbe Stunde.

Beim nächsten Stoppschild geht es weiter geradeaus; kurz danach biegen Sie links ab. An der Ecke steht ein fantasievolles Holzhaus. Hier verkaufen Rastas Gemüse, Obst und Kunsthandwerk. Bei km 7 zweigt links eine schmale Straße zum *Flower Forest* ab. Der botanische Garten erstreckt sich über ein weites Gelände; neben den Pflanzen ist der tolle Ausblick eine weitere Attraktion *(tgl. 9–17 Uhr, Eintritt Bds$ 13,80)*.

Bei der Weiterfahrt halten Sie sich rechts und biegen an der nächsten Gabelung links ab. Den nächsten Abzweig ignorieren Sie, um der Straße bergab zu folgen. Die Vegetation ist hier wieder üppiger. Brotfruchtbäume überschatten die Straße. Geradeaus breitet sich der Atlantik dunkelblau vor Ihnen aus. Bei km 9 gabelt sich die Straße: Sie halten sich links. Der *Scotland District* (S. 78) liegt Ihnen jetzt zu Füßen – links erkennen Sie das dichte Grün von *Turners Hall Wood*, einem der letzten unberührten Wälder der Insel.

Die nächste Abzweigung links hinunter ist gesperrt, also geht es rechts bergauf, der Ausschilderung Chalky Mount folgend. Oben angekommen, geht's links weiter, und an der nächsten Abzweigung halten Sie sich wieder links. Vorbei an einer weißen Mauer geht's dann erneut nach links weiter.

Wer will, kann einen Abstecher nach rechts zum Dorf *Cambridge* machen, doch die Straße ist eine Sackgasse. Der nächste Ort ist *Chalky Mount* – zur Töpferei muss an der Schule rechts abgebogen werden (S. 27). Geradeaus führt die Straße bergab, und bald säumen Früchte tragende Bäume den Straßenrand. Das intensivste Fruchtanbaugebiet der Insel ist erreicht. Hier wächst an strauchähnlichen Bäumen auch die saure, vitaminreiche Bajan-Kirsche.

Bei km 17 erreichen Sie die Tankstelle von Belleplaine. Wer knapp mit dem Benzin ist, sollte die Chance zu tanken unbedingt ergreifen, denn dies ist die einzige Tankstelle an der ganzen Ostküste. Am kleinen Kreisverkehr biegen Sie rechts in den Erny Bourne Highway ein, der im Volksmund immer noch East Coast Highway genannt wird. Direkt am Meer entlang und vorbei an vom Wind gebeugter Vegetation, an Dünen, der Sandsteinformation »schlafender Napoleon« und einigen wenigen Ferienhäusern, erreichen Sie *Cattlewash* (S. 77). Noch ein Hügel ist zu erklimmen, dann stehen Sie auf der Kreuzung von Bathsheba und können sich entscheiden, ob Sie links hinunter zur Soup Bowl fahren wollen, um den Wellenreitern zuzuschauen, lieber rechts nach Bridgetown abbiegen – rund 35 Minuten Fahrzeit – oder den Schildern zu den nahen Andromeda Botanic Gardens folgen wollen, um von dort vielleicht die hier als erste beschriebene Tour durch den Süden anzuhängen.

Von Auskunft bis Zoll

Hier finden Sie kurzgefasst die wichtigsten Adressen und Informationen für Ihre Barbadosreise

AUSKUNFT

In Deutschland:
Staatliches Fremdenverkehrsamt Barbados
Neue Mainzer Str. 22, 60311 Frankfurt/Main, Tel. 069/24 26 96 30, Fax 23 00 77, www.barbados.org, E-Mail germany@barbados.org

Auf Barbados:
Barbados Tourism Authority
P.O. Box 242, Harbour Rd., Bridgetown, Tel. 427 26 23/4, Fax 426 40 80. Auch am Grantley Adams International Airport, Tel. 428 55 70, Christ Church. Alle Hotels bieten Informationsmaterial.

AUTOFAHREN UND MIETWAGEN

Es herrscht Linksverkehr nach britischem Vorbild. Nach einer kurzen Umgewöhnungsphase ist es gar nicht schwierig, auf der »falschen« Seite zu fahren. Da das Steuerrad meist (bei Mietwagen immer) rechts montiert ist, erscheint es logisch, sich auf der linken Straßenseite zu bewegen. Die ersten Versuche sollten allerdings nicht im Hauptstadtgewühl von Bridgetown gestartet werden. Die Mietwagenfirmen bringen das gewünschte Fahrzeug auch ins Hotel. Dann können Sie sich auf einer ruhigen Straße im Landesinneren an die ungewohnte Situation gewöhnen.

Barbados verfügt über ein dichtes Straßennetz von sage und schreibe 1280 km Länge. Die Straßen sind überwiegend in gutem Zustand. Vom Flughafen bis hinter Bridgetown leitet ein autobahnähnlicher Highway den Verkehr um die Hauptstadt herum schnell an die Westküste, wenn nicht gerade Rushhour herrscht. Die Höchstgeschwindigkeit beträgt außerhalb geschlossener Ortschaften 60 km/h, nur auf dem Highway sind stellenweise 80 km/h erlaubt. An wichtigen Kreuzungen regeln Kreisel den Verkehr. Achtung: Wer sich im *roundabout* befindet, hat Vorfahrt. Ampeln sind selten. Wenn drei Lichtanlagen nebeneinander hängen, ist die linke für Linksabbieger, die mittlere für die Fortsetzung der Fahrtrichtung und die rechte für Rechtsabbieger zuständig. Ein bajanischer Fahrer zeigt einen geplanten Richtungswechsel oft lieber durch Handzeichen als mit dem Blinker an. Stoppschilder stehen

PRAKTISCHE HINWEISE

auf beiden Seiten einer Kreuzung. Wer zuerst kommt, fährt nach dem Stopp zuerst los. Achten Sie auf die zahlreichen Busse, sie halten oft unverhofft.

Der beliebteste Mietwagentyp ist der *Moke*. Die kleinen Fahrzeuge haben meist keine Türen, dafür ein Faltdach. Sie sind ideal, um im sonnigen Barbados gemütlich über die Insel zu fahren. Die Auswahl an Mietwagenfirmen ist groß. Eine nationale Fahrerlaubnis wird nach Vorlage des Führerscheins für 10 Bds$, die bar zu bezahlen sind, von der Mietwagenfirma ausgestellt. Zwei empfehlenswerte Firmen: *Sunny Isle Motors, Worthing Main Rd., Christ Church, Tel. 435 79 79, Fax 435 92 77, E-Mail sunisle@caribsurf.com* und *Courtesy Rent-a-Car*, die einzige Autovermietung am Flughafen (mit drei weiteren Niederlassungen), *Tel. 431 41 60, Fax 429 63 87, E-Mail courtesy@ Goddent.com.*

BOOTSAUSFLÜGE

Die Auswahl ist groß. Die Route führt meist vom Startpunkt Bridgetown aus die Westküste entlang. Man kann sich für eine Segeltour entscheiden, meist auf Katamaranen, oder eines der größeren Vergnügungsschiffe wählen. Angeboten werden Tagestouren, die von ca. 10 bis 14 oder 15 Uhr dauern, und *Sunset Cruises* zum Sonnenuntergang. Auch am Abend stechen einige Schiffe zu einer romantischen Dinnerfahrt in See. Eine Tagestour inklusive Lunch kostet pro Person um die 100 Bds$.

BUSSE

Der absolut wichtigste Knotenpunkt ist Bridgetown. Vom *Fairchild Street Bus Terminal* am Ende der Careenage brechen die großen, blauen Überlandbusse ca. jede halbe Stunde Richtung Süden und Osten auf. Nach Westen und Norden geht's vom *Lower Green Bus Terminal* an der St. Mary's Church im Westen der Innenstadt aus. In der Nähe dieser beiden Busbahnhöfe befinden sich auch die Stellplätze für die privat betriebenen gelben Minibusse und die *Route Taxis*. Das sind *Vans*, die vor allem die Südküste entlang fahren und bis zu 12 Personen befördern. Sie halten auf Handzeichen an jeder beliebigen Stelle. Die großen Busse stoppen an Bushaltestellen. *To City* heißt, dass sie nach Bridgetown fahren, *Out of City*, dass sie aus Bridgetown kommen. Grundsätzlich müssen die großen Busse per Handzeichen angehalten werden. Egal, welchen Bustyp man benutzt, eine Fahrt kostet immer 1,50 Bds$, in den blauen Bussen wird kein Wechselgeld herausgegeben. Wichtige Umsteigepunkte sind Speightstown im Norden und Oistins im Süden. Alle Busse fahren von 6 Uhr in der Frühe bis Mitternacht.

Der Yachthafen von Bridgetown

DIPLOMATISCHE VERTRETUNGEN

In Deutschland:
Honorarkonsulat
Jens Schneider, Kurfürstendamm 219, 14293 Berlin, Tel. 030/88 55 1650, Fax 88 55 16 52

In Österreich:
Honorarkonsulat
Brucknerstraße 4, A-1040 Wien, Tel. 01/505 74 55

Auf Barbados:
Deutsches Honorarkonsulat
Kelvin Dayrells Rd., Rockley, Christ Church, Tel. 427 18 76, Fax -81 27

Delegation of the Commission of the European Community
James Fort Building, Hincks Str., Eingang Prince Albert Str., Tel. 427 43 62 und Delegate's Direkt Line 427 43 66

EINREISE UND AUSREISE

Westeuropäer benötigen bei der Einreise einen gültigen Reisepass und ein Rückreiseticket. Die maximale Aufenthaltsdauer beträgt sechs Monate. Im Flugzeug erhält jeder Besucher die *Immigration Card*, die bei der Einreise zusammen mit dem Pass vorzulegen ist. Der Reisepass sollte nach der Ausreise noch mindestens drei Monate gültig sein.

FERNSEHEN/RADIO

Barbados verfügt über einen eigenen, staatlichen Fernsehsender, die *Caribbean Broadcasting Corporation* (CBC), der sein Programm auch auf den Nachbarinseln St. Lucia, Grenada, St. Vincent und den Grenadinen ausstrahlt. Vier weitere Kanäle, darunter CNN, können per Satellit empfangen werden.
Auf AM und FM senden insgesamt fünf Radiokanäle: die staatlichen Sender CBC (900 KHZ AM) und Radio Liberty (98,1 MHZ FM), ferner Voice of Barbados (VOB, AM), Barbados Broadcasting Service (BBS, FM) und Yess Ten Four (AM).

FKK/OBEN OHNE

Kurz und bündig: Weder FKK noch oben ohne sind erlaubt. Auch an den Swimmingpools der Hotels wird keine Ausnahme geduldet. Die Bajans sind sehr religiös, und die Kirche hält nun mal nichts von der Zurschaustellung nackter Tatsachen.

FOTOGRAFIEREN

Die Bajans reagieren zwar nicht so empfindlich auf gezückte Kameras wie manche ihrer karibischen Nachbarn, doch Respekt vor dem Mitmenschen verbietet ungefragtes Ablichten. Wenn Sie freundlich fragen, erhalten Sie meistens keine abschlägige Antwort. Falls doch, was besonders bei älteren und bei arbeitenden Menschen auf dem Feld vorkommen kann, ist das unbedingt zu respektieren. Filmmaterial kauft man preiswerter in Europa.

GELD/BANKEN

Banken gibt es eigentlich nur in Bridgetown, Holetown und Speightstown. Das ist für den Besucher aber ohne Bedeutung, denn es bringt nur geringe Vorteile, in einer Bank zu wechseln. Sie sind *Mo–Do 8–15, Fr 8–17 Uhr* geöffnet. Jedes Hotel wechselt

PRAKTISCHE HINWEISE

Geld und nimmt Reiseschecks, am besten in US-Dollar, entgegen. In größeren Restaurants können Sie ebenfalls mit US-Dollar-Reiseschecks bezahlen. Die gängigen Kreditkarten werden vielerorts akzeptiert. Wenn Sie mal knapp an Barbados-Dollars sind, können Sie auch mit US-Dollar bezahlen. Im Bus und in kleinen Restaurants, bei Straßenhändlern usw. sollten Sie aber Bargeld in Landeswährung bereit halten.

Der Barbados-Dollar (Bds$) ist dem US-Dollar (US$) im Verhältnis 1,98 Bds$ pro 1 US$ angepasst. Andere ausländische Währungen unterliegen den üblichen Wechselkursschwankungen. Für 1 Mark erhält man zur Zeit rund 1,15 Bds$. Noten kursieren in der Stückelung 2, 5, 10, 20, 50 und 100 Bds$. Es gibt folgende Münzen: *one cent, five, ten, twentyfive cents* und *one dollar*.

GESUNDHEIT/TRINKWASSER

Das Leitungswasser, das sich zu 96 Prozent aus Grundwasser speist, ist unbedenklich trinkbar. Der geologische Unterbau der Insel aus Kalkstein und Korallen stellt einen hervorragenden Filter dar und macht nur eine geringe chemische Behandlung notwendig. Überhaupt sind die gesundheitlichen Verhältnisse auf Barbados hervorragend, was auch die durchschnittliche Lebenserwartung von 70,5 Jahren dokumentiert. Das Hauptkrankenhaus, das *Queen Elizabeth Hospital (Tel. 435 64 50),* liegt in Bridgetown. Hier arbeiten Fachärzte, die in den USA, Kanada und Europa ausgebildet wurden. Darüber hinaus gibt es mehrere Provinzkrankenhäuser sowie die Privatklinik *Bay View Hospital* in St. Michael *(Tel. 436 54 46).*

HEIRATEN

Benötigt werden ein gültiger Reisepass oder die Original-Geburtsurkunde bzw. eine beglaubigte Kopie sowie ein Rückflugticket. Die Gebühr beträgt 52,50 US$. Die Kandidaten müssen persönlich vorsprechen beim: *Ministry of Home Affairs, General Post Office Building, Cheapside, Bridgetown, Mo–Fr 8.15–16.30 Uhr, Tel. 228 89 50, Fax 437 37 94*

ISLAND-HOPPING

BWIA
Die Fluggesellschaft von Trinidad/Tobago fliegt von Barbados die Inseln Antigua, Grenada, Jamaika, St. Maarten, Trinidad/Tobago sowie Guyana und Caracas/Venezuela an. *Sunjet House, Bridgetown, Tel. 426 21 11*

Chantours
Das Unternehmen organisiert Tagesausflüge zu den Grenadinen. *Plaza 2, Sunset Crest, St. James, Tel. 432 55 91, Fax 432 55 40, www. chantours.com*

Grenadine Tours
Während eines Tagestrips können Mustique und die Grenadinen oder Union Island, Mayreau, Tobago Cays, Mopion oder Palm Island besucht werden. *27 Hastings Plaza, Hastings, Christ Church, Tel. 435 84 51, Fax 435 64 44, www. barbados.org/tours*

LIAT
Die karibische Fluggesellschaft mit Hauptsitz auf St. Lucia fliegt

von Barbados u. a. Antigua, die Dominikanische Republik, Grenada, Guyana, St. Lucia, St. Vincent, Trinidad und Tobago an. Diverse Air-Pässe erleichtern das »Inselhüpfen«. *St. Michael's Plaza, Bridgetown, Tel. 434 54 28; Flughafenbüro, Tel. 428 09 8*

Mustique Airways
Tägliche Verbindung zu den Grenadinen, also nach St. Vincent, Bequia, Mustique, Canouan und Union Island. *27 Hastings Plaza, Tel. 435 70 09, am Flughafen Tel. 428 16 38*

Windward Lines
Die M. V. »Windward« ist ein modernes, 60 m langes Fährschiff, das maximal 250 Passagiere während eines einwöchigen Rundkurses von Barbados nach Venezuela und zurück fährt. Dabei macht sie mehrstündige Stopps in St. Lucia, St. Vincent, Trinidad und Margarita. Für 70 Passagiere stehen Kabinen zur Verfügung. Die »Windward« ist kein Luxuskreuzer, dafür sind die Preise erschwinglich. *7 James Fort Building, Hincks Str., Tel. 431 04 49, E-Mail windward@sjds.net*

KLIMA/REISEZEIT

Das ganze Jahr über herrschen tagsüber durchschnittlich Temperaturen von 28 bis 31 Grad Celsius bei relativ geringer Luftfeuchtigkeit. Selten ist es kühler oder wärmer. Ein steter Passatwind mit einer Geschwindigkeit von 16 bis 24 km/h sorgt für eine angenehme Brise. Durchschnittlich fallen an den Küsten im Jahr 1250 mm und am höchsten Punkt 1650 mm Niederschlag. Die Sonne scheint über 3000 Stunden im Jahr. Als Hochsaison gilt die Zeit von Mitte Dezember bis Mitte April. Dann sind die Preise für Unterkünfte erheblich höher als in der übrigen Zeit des Jahres. Dabei lohnt es sich, auch in den anderen Monaten Barbados zu besuchen. Von Juli bis November fällt der meiste Niederschlag, und die Gefahr von Hurrikans ist dann am größten.

MASSE

Neben den ursprünglichen englischen Maßeinheiten wie *miles* und *pounds* werden heute gleichberechtigt und zunehmend Kilometer und Kilo verwendet.

NOTRUF

Polizei, *Tel. 211*
Feuerwehr, *Tel. 311*
Ambulanz, *Tel. 511*

POST

Die Postkarte nach Europa kostet 90 Cents, ein Brief 1,10 Bds$. Die Grüße in die Heimat werden schnell und zuverlässig von jedem Hotel aus weitergeleitet. Jede Provinz hat ihr Postamt, die Hauptpost ist in *Cheapside, Bridgetown, Tel. 436 48 00*

RUNDFLÜGE

Helicopter Tours
20 bis 35-minütige Rundflüge über Barbados kosten ungefähr 145 bis 245 Bds$ pro Person. *The Bridgetown Heliport, Tel. 431 00 69*

SPORT

Barbados ist eine Karibikinsel, auf der sich sehr viele sportliche

PRAKTISCHE HINWEISE

Aktivitäten ausüben lassen. Neben Wassersport locken vor allem Golfplätze.

Golf
Vier Golfplätze hat die Insel zu bieten. *Royal Westmoreland , Sandy Lane, Rockley* und *Belair*.

Hochseeangeln
Wer auf Hemingways Spuren seine Kräfte beim Hochseefischen messen will, sucht Gleichgesinnte (zusammen 6 Pers., ca. 150 Bds$ pro Pers.) und chartert ein Boot oder schließt sich einer Gruppe an. Renommierte Anbieter: *Blue Marlin Charters, Tel. 436 43 22; Blue Jay, Tel. 422 20 98, Fax 435 66 55*

Laufen
Am ersten Wochenende im Dezember werden die *Run Barbados International Road Race Series* mit Marathon und Zehn-Kilometer-Lauf ausgetragen.

Pferderennen
Die Rennstrecke *Garrison Savannah* am Stadtrand von Bridgetown ist von Januar bis April und von August bis November Austragungsort für Pferderennen. Die genauen Termine werden in der Tagespresse bekannt gegeben. Die Bajans, auch da ganz britisch, lieben Pferderennen und noch mehr das Wetten. *Barbados Turf Club, Tel. 426 39 80*

Reiten
Das hügelige Hinterland und die weite Plantagenlandschaft eignen sich ausgezeichnet für Ausritte. Organisierte Touren, auch für Greenhorns, bietet *Highland Outdoor Tours (Canefield, St. Thomas, Tel. 438 80 69)* an.

Surfen
Die beste Zeit für Windsurfer ist Dezember bis März. Dann sorgen thermische Winde für sehr gute Bedingungen. Die Südküste mit Starkwind und hohen Wellen reizt die Cracks, Anfänger können an der Westküste üben. Zahlreiche Hotels vermieten Bretter oder stellen sie kostenlos zur Verfügung. Während des ganzen Jahres locken die hohen Atlantikwellen Wellenreiter an die Ostküste. Bathsheba ist ihr Treffpunkt.

Tauchen
Die Riffe vor der Süd- und Westküste gehören zwar nicht zu den Spitzentauchplätzen der Karibik, doch für Freunde des Tauchsports oder solche, die es noch werden wollen, lohnt es durchaus, zu Korallen und bunten Fischen ins Blau hinabzutauchen. Eine Reihe von Tauchbasen bietet ihre Dienste an.

Tennis
Viele Hotels verfügen über Tennisplätze, die meist mit Flutlicht ausgestattet sind. Öffentliche Plätze gibt es im Folkestone Park in Holetown an der Westküste.

Wandern
Jeden *So um 6 Uhr* und nachmittags um *15.30 Uhr* starten kostenlose, geführte Wanderungen. Infos: *Barbados National Trust, Tel. 426 24 21 und 436 90 33*. Wanderungen führt auch *Highland Outdoor Tours, Tel. 438 8069* durch.

STEUERN

Auf fast alles werden noch 15 Prozent Mehrwertsteuer aufgeschlagen. Größere Hotels müssen nur den verminderten Satz von 7,5 Prozent Steuern erheben.

STROM

Die Stromspannung beträgt 110 Volt; Geräte zum Umschalten sind also zu empfehlen. Außerdem werden Flachstecker für amerikanische Steckdosen benötigt.

TAXI

Die Taxis haben keine Taxameter. Für die gängigen Strecken gibt es jedoch Festpreise. Sie hängen entweder in den Hotels aus, oder die Rezeptionisten verraten sie Ihnen gerne. Es empfiehlt sich, den Preis im Voraus zu vereinbaren und eventuell ein paar Preise im Kopf zu haben. Denn gerade in der Nacht, wenn Sie von einem Nightclub nach Hause wollen, kann es passieren, dass die sonst so korrekten Bajans ein paar Dollar mehr verlangen. Als Richtlinie gilt: Ein angebrochener Kilometer kostet 1,50 Bds$. Vom Flughafen nach St. Lawrence sind es 20 Bds$, nach Bridgetown werden 30 Bds$ fällig und an die Westküste nach Holetown 38 Bds$. Wer will, kann sich die Insel in einem bequemen Taxi von einem kundigen Fahrer zeigen und erklären lassen. Die *Tourist Authority* arbeitet mit der *Barbados Transport Co-op Society* zusammen. Tagestouren kosten rund 150 Bds$. *Durants, Christ Church, Tel. 428 65 65 und 428 09 53, Fax 428 98 11*

TELEFON

Ein Ortsgespräch – damit sind auf Barbados alle inselweiten Verbindungen gemeint – kostet von einem öffentlichen Fernsprecher aus 25 Cents. Telefonkarten gibt es in Supermärkten und den Minimärkten der Tankstellen.

Ein dreiminütiges Gespräch nach Deutschland kostet ca. 24 Bds$. Wenn das Freizeichen der Amtsleitung ertönt, wählen Sie

– für Deutschland 011-49,
– für Österreich 011-43,
– für die Schweiz 011-41

und dann die Vorwahl des Ortes ohne die 0. Um von Deutschland aus nach Barbados zu telefonieren, wählen Sie vor den siebenstelligen Inselnummern: *001-246*

TRINKGELD

Wenn auf der Restaurantrechnung 10 Prozent Service ausge-

Open-House-Programm

Barbados besitzt eine Reihe von schönen, alten Plantagenhäusern. Aber nur wenige sind als Museen der Öffentlichkeit zugänglich. Während der Wintermonate besteht trotzdem die Möglichkeit, an einem Tag der Woche ein solches Privathaus zu besichtigen und die heutigen Besitzer kennen zu lernen. Das Programm wechselt von Monat zu Monat. Die genauen Termine entnehmen Sie bitte den touristischen Informationsblättern.

PRAKTISCHE HINWEISE

wiesen sind, runden Sie die Summe je nachdem, wie es Ihnen gefallen hat, auf. Manchmal fehlt dieser Betrag, dann werden mindestens 10 Prozent Trinkgeld erwartet.

VILLEN

Neben Hotels und Apartments aller Kategorien können Sie auch ganze Häuser und Villen mieten. Die Auswahl ist groß und reicht von einem einfachen Holz- bis zum feudalen Plantagenhaus. Meist sind der Koch und ein Zimmermädchen sogar im Preis inklusive.

Alleyne Aguilar & Altman
Derricks, St. James, Tel. 432 08 40, Fax 432 21 47, E-Mail villas@caribsurf.com

Bajan Services
Vermittlung exklusiver Villen an der Westküste, die zwischen 100 und rund 500 US$ pro Tag kosten. *Villa Guide* anfordern. *Seascape Cottage, Gibbs, St. Peter, Tel. 422 26 18, Fax 422 53 66, www.bajanservices.com*

Guide by side
Die junge Agentur unter österreichischer Leitung hat sich auf die Vermittlung von Apartments, Villen und Hotelzimmern für europäische Individualreisende spezialisiert. *Sandrina Prisching, »Hy-A-Lea«, Dover Gardens, Christ Church, Tel./Fax 420 21 35, E-Mail sanravi@sunbeach.net*

YACHTHAFEN

Port St. Charles, das ehrgeizige Projekt, ist noch nicht fertig gestellt, doch die Yachten liegen vor Anker, und die Eigner sind in den dazugehörigen Nobelvillen eingezogen. *St. Peter, Tel. 4191000, Fax 422 46 46, E-Mail reservations @portstcharles.com.bb*

ZEIT

Der Unterschied gegenüber der Mitteleuropäischen Zeit (MEZ) beträgt im Sommer minus sechs, im Winter minus fünf Stunden.

ZEITUNGEN

Die älteste Tageszeitung der Insel ist der *Barbados Advocat*, der 1895 gegründet wurde. Seit 1973 macht ihm die auflagenstärkere *Nation* Konkurrenz. Beide Blätter geben Sonntagsausgaben sowie zwei auf touristische Interessen spezialisierte, englischsprachige Zeitungen heraus. *The Visitor* erscheint wöchentlich und der *Sunseeker* alle 14 Tage. Sie liegen kostenlos in Hotels und Restaurants aus. Neben dem aktuellen, wöchentlichen Veranstaltungsprogramm finden sich allgemeine Hinweise und kleine Beiträge über aktuelle Themen aus der Ferienwelt.

ZOLL

Beim zollfreien Einkauf in den zahlreichen Duty-free-Läden müssen Reisepass und Flugticket vorgelegt werden. Wer die Dokumente nicht mit sich herumtragen will, bittet jemanden von der Hotelrezeption, eine Kopie anzufertigen. Wer die Papiere nicht dabei hat, kann trotzdem einkaufen und bekommt die Ware bei der Ausreise am Flugplatz oder Überseehafen ausgehändigt. Für Spirituosen, Wein und Tabakwaren gilt diese Bestimmung grundsätzlich.

In die EU eingeführt werden dürfen pro Person Souvenirs und andere Waren im Wert von bis zu 350 Mark, 2 Liter Wein und 2 Liter andere Alkoholika bis 22 Prozent oder 1 Liter über 22 Prozent sowie alternativ 200 Zigaretten, 100 Zigarillos, 50 Zigarren oder 250 g Tabak.

Nach Barbados eingeführt werden dürfen 200 Zigaretten oder 50 Zigarren, 1 Liter Spirituosen und 2 Lieter Wein. Ein Einfuhrverbot besteht für frische Früchte, Fleisch und Pflanzen.

WETTER IN BRIDGETOWN
Die monatlichen Durchschnittswerte im Überblick

	Jan.	Feb.	März	April	Mai	Juni	Juli	Aug.	Sept.	Okt.	Nov.	Dez.
Tagestemperaturen in °C	28	28	29	30	31	31	30	31	31	30	29	28
Nachttemperaturen in °C	21	21	21	22	23	23	23	23	23	23	23	22
Sonnenschein Std./Tag	8	9	9	9	9	8	9	9	8	7	8	8
Niederschlag Tage/Monat	13	8	8	7	9	14	18	16	15	15	16	14
Wassertemperaturen in °C	26	25	25	26	27	28	28	28	28	28	28	27

WARNUNG

Bloß nicht!

Ein paar Dinge gibt es auch auf dem friedlichen Barbados zu beachten – dann wird der Urlaub noch schöner

Giftige Bäume

Die tropische Flora von Barbados hält eine tückische Falle bereit: Der *Manchineel Tree* sondert bei Regen eine Flüssigkeit ab, die auf der Haut Verätzungen hervorruft. Also Abstand wahren, sobald die ersten Tropfen fallen. Eindeutige Schilder weisen an den meisten Stellen auf die Gefahr hin, und die Bäume tragen zusätzlich eine Bauchbinde aus roter Farbe um den Stamm. Auch wenn es nicht regnet, sollten keine Blätter abgerupft werden, damit kein Saft heraustropfen kann. Hände weg auch von den kleinen grünen Früchten – sie sind giftig. Die Manchineels findet man häufig am Strand, besonders an der nördlichen Westküste.

Unpassende Kleidung

Bajans schätzen es überhaupt nicht, wenn Touristen in Strandkleidung in der Hauptstadt und im Supermarkt herumspazieren. Noch peinlicher: am Sonntag im Badedress auch nur im Umkreis einer Kirche zu erscheinen. Also Badekleidung nur an Stränden tragen!

Alle besseren Hotels bitten ihre Gäste, nach 18 Uhr in *casual elegance* zu erscheinen. Wer abends ein Restaurant besuchen will, sollte als Mann eine lange Hose und zumindest ein halbärmeliges T-Shirt tragen. In den besseren Lokalen der Insel erwartet man als Hose keine Jeans zum Oberhemd. Shorts, selbst ordentliche Bermudas, sind auf Barbados keine Abendkleidung. Jackett oder Krawatte sind jedoch nur in den Spitzenrestaurants und bei offiziellen Anlässen angebracht. Auch in Nachtclubs mit überwiegend jugendlichem Publikum werden Herren in Muskel-Shirts nicht eingelassen. Die Damen haben's da etwas leichter. Sie können auch am Abend im leichten Sommerkleid oder in Dinner-Shorts erscheinen. Beim Stadtbummel und beim Kirchenbesuch sollten sie jedoch darauf achten, nicht zu viel Blöße zu zeigen.

Und sorry, meine Damen: Am Strand – auch an Hotelpools – ist im sehr religiösen Barbados oben ohne nicht nur nicht üblich, sondern verboten. Bei Verstößen müssen Sie mit einer peinlichen Verwarnung rechnen, Wiederholungstäterinnen sogar mit einer Geldbuße. FKK ist nirgends erlaubt, und einsame Plätzchen sind trügerisch: Sie bleiben es meist nur für kurze Zeit.

Am falschen Abend ausgehen

Sie lauschen den begeisterten Erzählungen der Miturlauber in

Ihrem Hotel über den gestrigen Abend in Nachtclub xyz und beschließen, das Lokal mit der »Superstimmung« und der »Klassemusik« noch am selben Abend auszuprobieren. Doch die Enttäuschung ist groß, selbst um Mitternacht herrscht noch tote Hose – den Schilderungen nach ging gestern um diese Zeit die Post ab.

Auf Barbados bestimmt ein ungeschriebenes Gesetz, welches Lokal an welchem Abend »in« ist. Meist sind es die Tage, an denen eine Live-Gruppe auftritt. Um keinen Reinfall zu erleben, erkundigen Sie sich am besten bei den Bajans, wann man wo hingeht. Dann kann nichts schiefgehen, und Sie erleben die wirklich tolle Atmosphäre einer durchtanzten Nacht auf Barbados.

In Alltagsfallen tappen

Steigen Sie nicht ohne passendes Kleingeld in einen Bus – Wechselgeld wird in den blauen Bussen nie herausgegeben, und in den anderen können höchstens kleine Scheine oder Münzen gewechselt werden.

Bevor Sie ein Taxi besteigen, sollten Sie den Fahrpreis aushandeln. Noch besser, sich vorher über die Tarife informieren.

Zum Duty-free-Shopping immer Pass (oder Passkopie) und Flugticket mitnehmen. Seien Sie nicht misstrauisch, selbst bei Abflügen mitten in der Nacht werden Ihnen die Einkäufe am Flughafen ausgehändigt.

Unterschätzen Sie nicht die Kraft der tropischen Sonne, und setzen Sie sich in den ersten Tagen nur für Minuten den Strahlen aus. Selbst wenn der Himmel bewölkt ist, besteht akute Sonnenbrandgefahr; deshalb an eine Creme mit hohem Lichtschutzfaktor denken! Schützen Sie sich im Wasser, besonders beim Schnorcheln, zusätzlich mit einem T-Shirt.

Mangelnder Respekt

Die Bajans sind ein überaus höfliches Volk. So wie Sie erwarten, freundlich und entgegenkommend behandelt zu werden, so sollten Sie sich umgekehrt verhalten. Werden Sie auf keinen Fall laut – auch nicht im Zustand höchster Erregung –, sonst verliert Ihr Gegenüber den Respekt vor Ihnen. Und das wollen Sie doch sicher nicht.

Zum guten Ton gehört auch, Warteschlangen zu akzeptieren und sich – wie alle anderen auch – hinten anzustellen. Drängeln wird auf Barbados als rüpelhaftes Verhalten gewertet.

Leichtsinnig sein

Barbados ist zu Recht stolz auf einen für karibische Verhältnisse recht hohen Lebensstandard und die geringe Kriminalität, vor allem Touristen gegenüber. Wer es trotzdem wagt, einem Gast des Landes etwa die Handtasche zu rauben, muss mit drakonischen Freiheitsstrafen von 10 bis 15 Jahren rechnen. Trotzdem berichtet die örtliche Presse manchmal von solchen Vergehen. Deshalb gilt, wie überall auf der Welt: Führe niemanden in Versuchung.

Wertsachen gehören grundsätzlich nicht unbeaufsichtigt an den Strand, und im Hotel sind sie am besten im Safe aufgehoben. Auf Protzereien mit wertvollem Schmuck und vollen Geldbörsen werden Sie wohl ohnehin verzichten.

SPRACHFÜHRER ENGLISCH

Sprechen und Verstehen ganz einfach

> Zur Erleichterung der Aussprache sind alle englischen Wörter mit einer einfachen Aussprache (in eckigen Klammern) versehen. Folgende Zeichen sind Sonderzeichen:
> ə   nur angedeutetes »e« wie in bitte
> θ   [s] gesprochen mit der Zungenspitze zwischen den Zähnen

AUF EINEN BLICK

Ja./Nein.	Yes. [jäs]/No. [nəu]
Vielleicht.	Perhaps. [pə'häps]/Maybe. ['mäibih]
Bitte.	Please. [plihs]
Danke.	Thank you. ['θänkju]
Vielen Dank!	Thank you very much. ['θänkju 'wäri 'matsch]
Gern geschehen.	You're welcome. [joh 'wälkəm]
Entschuldigung!	I'm sorry! [aim 'sori]
Wie bitte?	Pardon? ['pahdn]
Ich verstehe Sie/dich nicht.	I don't understand. [ai dəunt andə'ständ]
Ich spreche nur wenig …	I only speak a bit of … [ai 'əunli spihk ə'bit əw …]
Können Sie mir bitte helfen?	Can you help me, please? ['kən ju 'hälp mi plihs]
Ich möchte …	I'd like … [aid'laik]
Das gefällt mir (nicht).	I (don't) like it. [ai (dəunt) laik_it]
Haben Sie …?	Have you got …? ['həw ju got]
Wie viel kostet es?	How much is it? ['hau'matsch is it]
Wie viel Uhr ist es?	What time is it? [wot 'taim is it]

KENNEN LERNEN

Guten Morgen!	Good morning! [gud 'mohning]
Guten Tag!	Good afternoon! [gud ahftə'nuhn]
Guten Abend!	Good evening! [gud 'ihwning]
Hallo! Grüß dich!	Hello! [hə'ləu]/Hi! [hai]
Mein Name ist …	My name is … [mai näims …]
Wie ist Ihr/Dein Name?	What's your name? [wots joh 'näim]
Wie geht es Ihnen/dir?	How are you? [hau 'ah ju]
Danke. Und Ihnen/dir?	Fine thanks. And you? ['fain θänks, ənd 'ju]
Auf Wiedersehen!	Goodbye!/Bye-bye! [gud'bai/bai'bai]
Tschüss!	See you!/Bye! [sih ju/bai]
Bis bald!	See you soon! [sih ju 'suhn]
Bis morgen!	See you tomorrow! [sih ju tə'mərəu]

UNTERWEGS

Auskunft

links/rechts	left [läft]/right [rait]
geradeaus	straight on [sträit 'on]
nah/weit	near [niə]/far [fah]
Bitte, wo ist …?	Excuse me, where's …, please? [iks'kjuhs 'mih 'weəs … plihs]
Busbahnhof	bus terminal ['bas törminl]
Bushaltestelle	bus stop ['bas stop]
Flughafen	airport ['eəpoht]
Wie weit ist das?	How far is it? ['hau 'fahr_is_it]
Ich möchte … mieten.	I'd like to hire … [aid'laik tə 'haiə]
… ein Auto	… a car [ə 'kah]
… ein Fahrrad	… a bike [ə 'baik]
… ein Motorboot	… a motorboat [ə 'məutəbəut]

Panne

Ich habe eine Panne.	My car's broken down. [mai 'kahs 'brəukn 'daun]
Würden Sie mir bitte einen Abschleppwagen schicken?	Would you send a breakdown truck, please? ['wud ju sänd ə bräikdaun trak plihs]
Gibt es hier in der Nähe eine Werkstatt?	Is there a garage nearby? ['is θeə_ə 'gärahdsch 'niərbai]

Tankstelle

Wo ist die nächste Tankstelle?	Where's the nearest petrol station? ['weəs θə 'niərist 'pätrəlstäischn]
Ich möchte … Liter …	… litres of … ['lihtəs əw]
… Normalbenzin.	… three-star, ['θrihstah]
… Super.	… four-star, ['fohstah]
… Diesel.	… diesel, ['dihsl]
… bleifrei/verbleit.	… unleaded/leaded, please. [an'lädid/'lädid plihs]
Voll tanken, bitte.	Full, please. ['ful plihs]

Unfall

Hilfe!	Help! [hälp]
Achtung!	Attention! [ə'tänschn]
Vorsicht!	Look out! ['luk 'aut]
Rufen Sie bitte …	Please call … ['plihs 'kohl]
… einen Krankenwagen.	… an ambulance. [ən 'ämbjuləns]
… die Polizei.	… the police. [θə pə'lihs]
… die Feuerwehr.	… the fire-brigade. [θə 'faiəbri‚gäid]
Es war meine Schuld.	It was my fault. [it wəs 'mai 'fohlt]
Es war Ihre Schuld.	It was your fault. [it wəs 'joh 'fohlt]
Geben Sie mir bitte Ihren Namen und Ihre Anschrift.	Please give me your name and address! [plihs giw mi joh 'näim ənd ə'dräs]

SPRACHFÜHRER ENGLISCH

ESSEN/UNTERHALTUNG

Wo gibt es hier …	Is there … here? ['is θeər … 'hiə]
… ein gutes Restaurant?	… a good restaurant [ə 'gud 'rästərohng]
… ein typisches Restaurant?	… a restaurant with local specialities [ə 'rästərohng wiθ 'loukl ˌspäschi'älitis]
Gibt es hier eine gemütliche Kneipe?	Is there a nice pub here? ['is θeər ə nais 'pab hiə]
Reservieren Sie uns bitte für heute Abend einen Tisch für 3 Personen.	Would you reserve us a table for three for this evening, please? ['wud ju ri'söhw əs ə 'täibl fə 'θrih fə θis 'ihwning plihs]
Auf Ihr Wohl!	Cheers! [tschiəs]
Bezahlen, bitte.	Could I have the bill, please? ['kud ai häw θə 'bil plihs]
Haben Sie einen Veranstaltungskalender?	Have you got a diary of events? [həw ju got_ə 'daiəri_əw i'wänts]

EINKAUFEN

Wo finde ich …?	Where can I find …? ['weə 'kən_ai 'faind …]
Apotheke	chemist's [kämists]
Bäckerei	baker's [bäikəs]
Fotoartikel	photographic materials [ˌfəutə'gräfik mə'tiəriəls]
Kaufhaus	department store [di'pahtmənt stoh]
Lebensmittelgeschäft	food store ['fuhd stoh]
Markt	market ['mahkit]

ÜBERNACHTUNG

Können Sie mir bitte … empfehlen?	Can you recommend …, please? [kən ju ˌräkə'mänd … plihs]
… ein Hotel	… a hotel [ə həu'täl]
… eine Pension	… a guest-house [ə 'gästhaus]
Ich habe bei Ihnen ein Zimmer reserviert.	I've reserved a room. [aiw ri'söhwd_ə 'ruhm]
Haben Sie noch …	Have you got … [həw ju got]
… ein Einzelzimmer	… a single room [ə 'singl ruhm]
… ein Doppelzimmer	… a double room [ə 'dabl ruhm]
… mit Dusche/Bad?	… with a shower/bath? [wiθ ə 'schauə/'bahθ]
… für eine Nacht?	… for one night? [fə wan 'nait]
… für eine Woche?	… for a week? [fə ə 'wihk]
Was kostet das Zimmer mit …	How much is the room with … ['hau 'matsch is θə ruhm wiθ]
… Frühstück?	… breakfast? ['bräkfəst]
… Halbpension?	… half board? ['hahf'bohd]
… Vollpension?	… full board? ['ful'bohd]

PRAKTISCHE INFORMATIONEN

Arzt

Können Sie mir einen guten Arzt empfehlen?
Can you recommend a good doctor? [kən ju ‚räkə'mänd ə gud 'doktə]

Ich habe hier Schmerzen.
I've got pain here. [aiw got päin 'hiə]

Bank

Wo ist hier bitte …
Where's the nearest … [weəs θə 'niərist]

… eine Bank?
… bank? [bänk]

… eine Wechselstube?
… exchange-office? [iks'tschäinsch_ofis]

Ich möchte … DM (Schilling, Schweizer Franken) wechseln.
I'd like to change … Marks (Austrian shillings, Swiss francs). [aid laik tə tschäinsch … 'mahks ('ostriən 'schillings/ 'swis 'fränks)]

Post

Was kostet …
… ein Brief …
… eine Postkarte …
… nach Deutschland?

How much is … ['hau 'matsch is]
… a letter … [ə 'lätə]
… a postcard … [ə pəustkahd]
… to Germany? [tə 'dschöhməni]

Zahlen

0	zero, nought [siərəu, noht]	19	nineteen [‚nain'tihn]
1	one [wan]	20	twenty ['twänti]
2	two [tuh]	21	twenty-one [‚twänti'wan]
3	three [θrih]	30	thirty ['θöhti]
4	four [foh]	40	forty ['fohti]
5	five [faiw]	50	fifty ['fifti]
6	six [siks]	60	sixty ['siksti]
7	seven ['säwn]	70	seventy ['säwnti]
8	eight [äit]	80	eighty ['äiti]
9	nine [nain]	90	ninety ['nainti]
10	ten [tän]	100	a (one) hundred ['ə (wan) 'handrəd]
11	eleven [i'läwn]	1000	a (one) thousand ['ə (wan) 'θausənd]
12	twelve [twälw]	10000	ten thousand ['tän 'θausənd]
13	thirteen [θöh'tihn]		
14	fourteen [‚foh'tihn]	1/2	a half [ə 'hahf]
15	fifteen [‚fif'tihn]	1/4	a (one) quarter [‚ə (wan) 'kwohtə]
16	sixteen [‚siks'tihn]		
17	seventeen [‚säwn'tihn]		
18	eighteen [‚äi'tihn]		

SPRACHFÜHRER ENGLISCH

Menu
Speisekarte

BREAKFAST | FRÜHSTÜCK

coffee (with cream/milk) ['kofi (wiθ 'krihm/'milk)]	Kaffee (mit Sahne/Milch)
decaffeinated coffee [di'käfin,äitid 'kofi]	koffeinfreier Kaffee
hot chocolate ['hot 'tschoklit]	heiße Schokolade
tea (with milk/lemon) [tih (wiθ 'milk/'lämen)]	Tee (mit Milch/Zitrone)
scrambled eggs ['skrämbld 'ägs]	Rührei
poached eggs ['pəutscht 'ägs]	verlorene Eier
bacon and eggs ['bäikn ən 'ägs]	Eier mit Speck
fried eggs ['fraid 'ägs]	Spiegeleier
hard-boiled/soft-boiled eggs ['hahdboild/'softboild ägs]	harte/weiche Eier
(cheese) omelette [(tschihs/'maschrum/tə'mahtəu)'omlit]	(Käse-)Omelett
bread/rolls/toast [bräd/rəuls/təust]	Brot/Brötchen/Toast
butter ['batə]	Butter
honey ['hani]	Honig
jam/marmelade [dschäm/mahməläid]	Marmelade/Orangenmarmelade
muffin ['məfin]	Küchlein
yoghurt ['jogət]	Joghurt
fruit ['fruht]	Obst

HORS D'ŒUVRES/SOUPS | VORSPEISEN/SUPPEN

ham [häm]	Schinken
onion rings ['ənjən rings]	frittierte Zwiebelringe
shrimp/prawn cocktail ['schrimp/'prohn 'koktäil]	Garnelen-/Krabbencocktail
smoked salmon ['sməukt 'sämən]	Räucherlachs
seafood salat [sifuhd säləd]	Meeresfrüchtesalat
clear soup/consommé [kliə suhp/kən'somäi]	Fleischbrühe
fish cakes [fisch käiks]	frittierte Fischbällchen
oxtail soup ['okstäil suhp]	Ochsenschwanzsuppe
cream of tomato soup [krihm_əw tə'mahtəu suhp]	Tomatencremesuppe
vegetable soup ['wädschtəbl suhp]	Gemüsesuppe

FISH/SEAFOOD — FISCH/MEERESFRÜCHTE

barracuda [bärä'kuda]	Barrakuda
cod [kod]	Kabeljau
crab [kräb]	Krebs
dolphin ['dolfn]	Goldmakrele
flying fish ['flaiing fisch]	Fliegender Fisch
lobster ['lobstə]	Hummer
mussels ['masls]	Muscheln
oysters ['oistəs]	Austern
red snapper ['räd snäpə]	Roter Schnapper
salmon ['sämən]	Lachs
salt fish ['solt fisch]	Dörrfisch
shrimps ['schrimps]	Krabben
squid [skwid]	Tintenfisch
swordfish ['sord fisch]	Schwertfisch
tuna ['tjuhnə]	Thunfisch

MEAT AND POULTRY — FLEISCH UND GEFLÜGEL

barbequed spare ribs ['bahbəkjuhd 'speə ribs]	gegrillte Schweinerippchen
beef [bihf]	Rindfleisch
chicken ['tschikin]	Hähnchen
chop/cutlet [tschop/'katlit]	Kotelett
fillet (steak) ['filit (stäik)]	Filet(steak)
duck(ling) ['dak(ling)]	(junge) Ente
gammon ['gämən]	Schinkensteak
gravy ['gräivi]	Fleischsoße
ham [häm]	Schinken
hamburger ['hämböhgə]	Hamburger
kidneys ['kidnis]	Nieren
lamb [läm]	Lamm
liver (and onions) ['liwə(r ən 'anjəns)]	Leber (mit Zwiebeln)
minced beef ['minst 'bihf]	Hackfleisch vom Rind
mutton ['matn]	Hammelfleisch
oxtail ['okstäil]	Ochsenschwanz
pig tail ['pig täil]	Schweineschwanz
pork [pohk]	Schweinefleisch
rabbit ['räbit]	Kaninchen
rissoles ['risəuls]	Frikadellen
rump steak ['ramp stäik]	Rumpsteak
sausages ['sosidschis]	Würstchen
sirloin steak ['söhloin stäik]	Lendenstück vom Rind
T-bone steak ['tihbəun stäik]	Rindersteak mit T-förmigem Knochen
turkey ['töhki]	Truthahn
veal [wihl]	Kalbfleisch

SPRACHFÜHRER ENGLISCH

VEGETABLES AND SALAD — GEMÜSE UND SALAT

baked beans ['bäikt 'bihns]	gebackene weiße Bohnen in Tomatensoße
baked potatoes [bäikt pə'täitəus]	gebackene Pellkartoffeln
breadfruit ['brädfruht]	Brotfrucht
cabbage ['käbidsch]	Kohl
carrots ['kärəts]	Karotten
cauliflower ['koliflauə]	Blumenkohl
chef's salad ['schefs 'säləd]	Salat mit Schinkenstreifen, Tomaten, Käsestreifen, Oliven
chips/French fries [tschips/fränsch 'frais]	Pommes frites
cucumber ['kjuhkamba]	Gurke
Irish potatoes ['Eirisch pa'täitəůs]	Kartoffeln
leek ['lihk]	Lauch
lentils ['läntils]	Linsen
lettuce ['letis]	Kopfsalat
mashed potatoes [mäscht pə'täitəus]	Kartoffelbrei
mushrooms ['maschrums]	Pilze
onions ['anjəns]	Zwiebeln
peas ['pihs]	Erbsen
peppers ['päpəs]	Paprika
plantain [plantäin]	Kochbananen
pumpkin ['pampkin]	Kürbis
spinach ['spinidsch]	Spinat
sweetcorn ['swihtkohn]	Mais
sweet potatoes [swiht pə'täitaus]	Süßkartoffeln
tomatoes [tə'mahtəus]	Tomaten
yams [jams]	Yams

DESSERT AND CHEESE — NACHSPEISEN UND KÄSE

apple pie ['äpl 'pai]	gedeckter Apfelkuchen
brownie ['bräuni]	Schokoladenplätzchen
Cheddar ['tschädə]	kräftiger Käse
Cottage cheese ['kotidsch 'tschihs]	Hüttenkäse
cream [krihm]	Sahne
custard ['kastəd]	Vanillesoße
fruit cake ['fruht käik]	Kuchen mit viel Korinthen, Rosinen usw.
fruit salad [fruht 'säləd]	Obstsalat
goat's cheese ['gəuts ‚tschihs]	Ziegenkäse
ice-cream ['ais'krihm]	Eiscreme
pancakes ['pänkäiks]	Pfannkuchen
pastries ['päistris]	Gebäck
rice pudding ['rais 'puding]	Reisbrei
stewed fruit ['stjuhd 'fruht]	Kompott

FRUIT	**OBST**
apples ['äpls]	Äpfel
apricots ['äiprikots]	Aprikosen
bananas [bə'nəñəš]	kleine, süße Bananen
blackberries ['bläkbris]	Brombeeren
cherries ['tschäris]	Kirschen
dates [däits]	Datteln
gooseberries ['gusbəris]	Stachelbeeren
grapes [gräips]	Weintrauben
lemon ['lämən]	Zitrone
melon ['mälən]	Melone
oranges ['orindschis]	Orangen
peaches ['pihtschis]	Pfirsiche
pears [peəs]	Birnen
pineapple ['pain,äpl]	Ananas
plums [plams]	Pflaumen
strawberries ['strohbris]	Erdbeeren

Beverages
Getränkekarte

ALCOHOLIC DRINKS	**ALKOHOLISCHE GETRÄNKE**
beer [biə]	Bier
brandy ['brändi]	Schnaps
champagne [schäm'pain]	Champagner
cider ['saidə]	Apfelwein
cognac ['konjäk]	Kognak
ginger beer ['dschindscha bia]	Ingwerbier
red/white wine [räd/wait wain]	Rot-/Weißwein
dry/sweet [drai/swiht]	trocken/lieblich
sparkling wine ['spahkling wain]	Sekt

SOFT DRINKS	**ALKOHOLFREIE GETRÄNKE**
alcohol-free beer ['älkəhol,frih 'biə]	alkoholfreies Bier
fruit juice ['fruht dschuhs]	Fruchtsaft
lemonade [,lämə'näid]	Limonade
malt beer [molt bia]	Malzbier
milk ['milk]	Milch
mineral water ['minrl ,wohtə]	Mineralwasser
root beer ['rut ,biə]	süße, dunkle Limonade
soda water ['səudə ,wohtə]	Selterswasser
tomato juice [tə'mahtəu dschuhs]	Tomatensaft

Reiseatlas Barbados

Die Seiteneinteilung für den Reiseatlas finden Sie auf dem hinteren Umschlag dieses Reiseführers

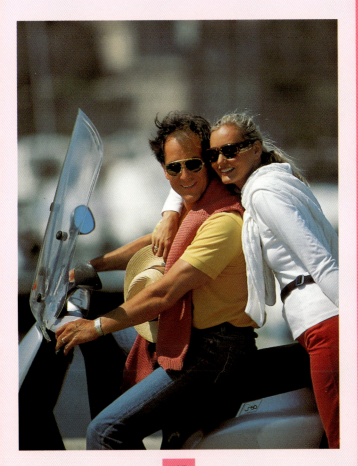

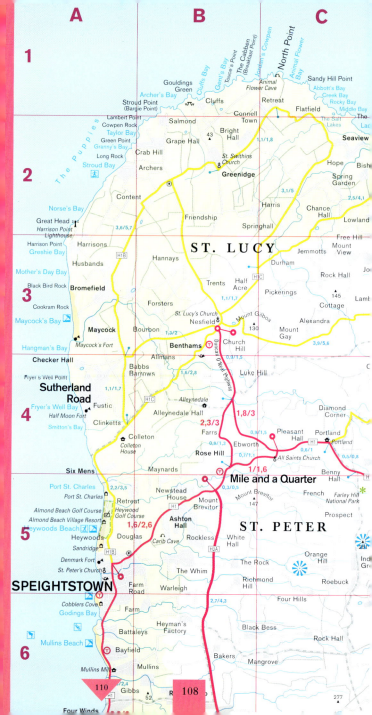

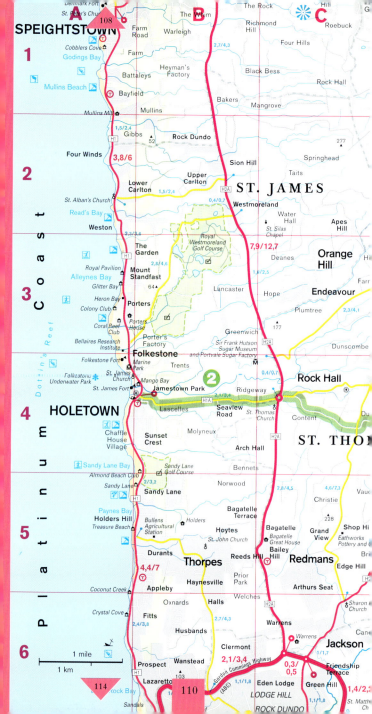

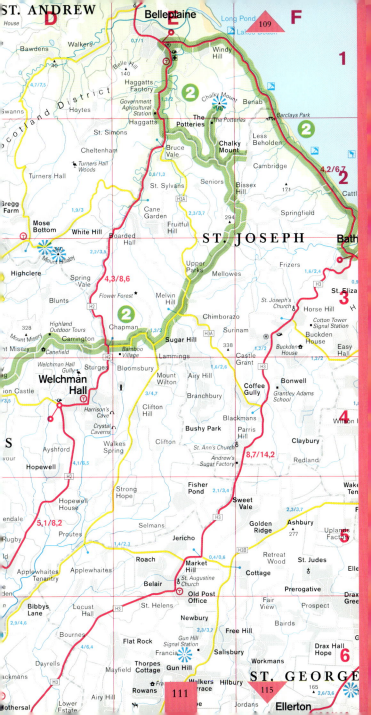

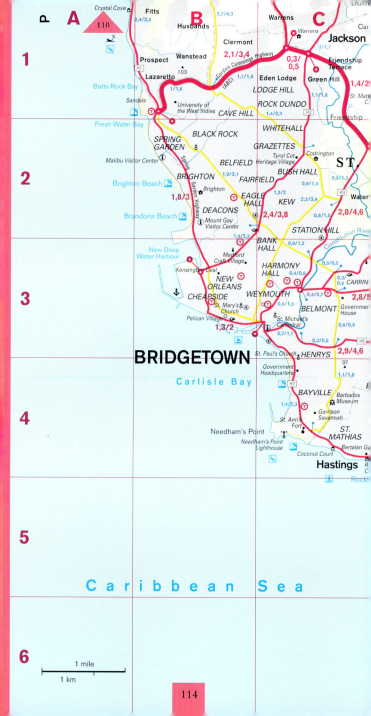

LEGENDE REISEATLAS

	Dual carriage-way with motorway characteristics Autobahnähnliche Schnellstraße Double chaussée de type autoroutier Doppia carreggiata di tipo autostradale Autovia	⛪ ⛪	Church • Chapel Kirche • Kapelle Eglise • Chapelle Chiesa • Cappella Iglesia • Capilla
	Highway Fernverkehrsstraße Grande route de transit Strada di transito Autovia	♜ ♖	Castle • Ruin Burg • Ruine Château • Ruines Castello • Rovine Castillo • Ruina
	Important main road Wichtige Hauptstraße Route de comm. importante Strada di interesse regionale Carretera general importante	■ ★	Point of interest • Nature sight Sehenswürdigkeit • Naturattraktion Curiosité • Curiosité naturelle Curiosità • Curiosità natural Curiosidad • Curiosidad natural
	Main road Hauptstraße Route principale Strada principale Carretera principal	✿ ⌒	Windmill • Cave Windmühle • Höhle Moulin à vent • Grotte Mulino a vento • Grotta Molino de viento • Cueva
	Secondary road Nebenstraße Route secondaire Strada secondaria Carretera secundaria	⌂ ⌂	Hotel • Plantation house Hotel • Plantagenhaus Hôtel • Maison de plantation Albergo • Casa di plantagione Hotel • Casa de plantación
	Carriage way • Path Fahrweg • Pfad Chemin carrosable • Sentier Strada carrozzabile • Sentiero Camino vecinal • Sendero	🦩 🐎	Wildlife reserve • Riding Wildgehege • Reiten Parc à gibier • Centre équestre Bandita di caccia • Equitazione Reserve de caza • Paseos a caballo
1,4/2,3	Distance in miles/km Entfernung in miles/km Distance en miles/km Distanze en miles/km Distancia en miles/km	🗼 📡	Lighthouse • Radio Tower Leuchtturm • Funkturm Phare • Pylône de radio Faro • Torre della radio Faro • Repetidor
	Parish boundary Kirchengemeindegrenzen Frontière de paroisse Confine di parrocchia Frontera de parroquia	⛱ ⚓	Picnic area • Shipwreck Picknick • Schiffswrack Pique-nique • Épave de bateau Picnic • Relitto di nave Picknick • Barco naufragado
✈ ⚓	Int. Airport • Harbour Int. Flughafen • Hafen Aéroport int. • Port Aeroporto int. • Porto Aeropuerto int. • Puerto	🏖 ⛵	Beach • Yachting Strand • Segelsport Plage • Centre de voile Spiaggia • Sport velico Playa • Deporto de vela
M̂ 👤	Museum • Monument Museum • Denkmal Musée • Monument Museo • Monumento Museo • Monumento	🎣 🤿	Deap sea fishing • Scuba diving Hochseefischen • Sporttauchen Pêche de haute mer • Sous-marine plongée Pesca d'alto mare • Sport subaqueo Pesca de altura • Submarinisimo
✡ ▢	Synagogue • Market Synagoge • Markt Synagogue • Marché Sinagoga • Mercato Sinagoga • Mercado	🪂 🏄	Parasailing • Windsurfing Paragleiten • Windsurfen Parasailing • Planche à voile Parasailing • Surfing Parapente • Windsurf
ⓘ ⓟ	Information • Police Information • Polizei Informations • Police Informazione • Polizia Información • Policia	⛳ ❋	Golf • National park Golf • Nationalpark Golf • Parc national Golf • Parco nazionale Golf • Parque nacional
⚘ ✚	Post office • Hospital Postamt • Krankenhaus Poste • Hôpital Posta • Ospedale Oficina de correos • Hospital	Ⓣ	Petrol station Tankstelle Station essence Stazione di rifornimento Estación de servicio

```
├─────── 1 mile ───────┤
  ├──── 1 km ────┤
```

REGISTER

In diesem Register finden Sie alle beschriebenen Orte, Sehenswürdigkeiten und Hotels. Die Hauptnennungen sind halbfett, die Abbildungen kursiv gesetzt.

St. Andrew 69
Andromeda Botanic Gardens 16, **71f.**, 84, 87
Anthurienfarm (Bathsheba) 73
Arbib Nature & Heritage Trail 78
Barbados Wildlife Reserve 78
Bath Recreation Park 70, **77,** 85
Bathsheba *4,* 7, 69, **71ff.**
Belleplain 69
Bottom Bay *9,* 53, 86
Bridgetown 6, 30, **35ff.,**
– St. Ann's Fort 37
– Barbados Museum 34, **38f.**
– Barclay Bank 36
– Bay Street 38
– Baxters Road 38
– Bridgetown Market 30
– Broad Street 36
– Careenage 36
– Carlisle Bay 42
– Cockspur Distillery 38
– Da Costa Mall 36
– James Street 36
– St. Mary's Church 37
– St. Michael's Cathedral 37
– Mount Gay 38
– Paradise Beach 42
– Parlament *32*
– Pelican Village 27, 37
– Swan Street 36
– Synagoge 37
– Trafalgar Square 35
– Tyrol Cot Heritage Village 39
Cattlewash Bay 70, *76,* **77,** 87
Chalky Mount *26,* 27, 75, 87
Cherry Tree Hill 16, 78
Christ Church 34, **46ff.**
Codrington College 16, **72,** 85
Consett Bay 71
Crane Beach 34, **52,** 86
Crystal Cove *54,* 56, **63**
Farley Hill National Park 70, **79**
Flower Forest 87
Francia Plantation 57, 58
Grenade Hall Forest & Signal Station 78
Gun Hill Tower 59
Hackleton's Cliff 70
Harrison's Cave *58,* 59
Harrison Point Lighthouse 70
Holetown 10, 30, 36, **56ff.,** *66,* 86
St. James 55ff.
St. John 70
St. John's Church **72,** 85
St. Joseph 69f.
St. Lawrence Gap 6, 34, **44ff.**
St. Lucy 70
Martin's Bay 71, 85
St. Michael 34
Mile and a Quarter 78
Morgan Lewis Mill 79f., *80*
Mount Hillaby 7, **57f.**
Mount Misery 57, 86
Mullins Bay 83
St. Nicholas Abbey 80
Oistins 5, 30, *31,* 49
Oistins Fish Market *24,* 34, **45**
Paynes Bay 67
St. Peter 70
St. Philip 50ff.
Ragged Point **72,** 86
Rasta Market 27
Royal Westmoreland Golfplatz 70
Sam Lord's Castle **51,** *53,* 86
– Long Bay 53
Sandy Lane *64*
Sandy Lane Bay 67
Signal Stations 49
Six Men's Bay 83
Soup Bowl 71, *74*
Speightstown 70, **78ff.**
Sugar Museum (Sir F. Hutson) 56, **60,** *61*
Sunbury Plantation House 51
Tent Bay *68*
St. Thomas 57ff.
Tropical Blooms 73
University of the West Indies 14
Welchman Hall Gully 16, 20, 56, **59,** 87

Hotels

Almond Beach Village 81, *82*
Casuarina Beach Club 46
Cobblers Cove 81
Colonial Club 63
Coral House 47
Crane Beach Hotel 52
Crystal Cove 63, *64*
Edgewater Inn 76
Europa 64
Kings Beach 82
Legend Garden 82
Little Paradise 41
Mango Bay 64
Piech & Quiet 47
Rostrevor 47
Round House 77
Royal Pavilion 65
Sam Lord's Castle 52
Sand Acres & Bougainvillea 47
Sandpiper Inn 65
Sandridge Beach 82
Savannah 41
Sea Breeze 47
Sea-U 77
Settlers Beach 65
Shells 47
Smuggler's Cove 65
Southern Palms 47
Sugar Cane Club 82
Tamarind Cove 66

Was bekomme ich für mein Geld?

Der Barbados-Dollar ist fest an den US-Dollar gekoppelt. Im Hotel erhält man für einen US$ 1,95 bis 1,98 Bds$.

Ein Abendessen schlägt mit 12 bis 65 Bds$ zu Buche, der Durchschnittspreis für ein Glas Rumpunsch liegt bei 4,50 bis 5 Bds$. Ein lokales Bier kostet zwischen 3 und 5 Bds$, ein Glas Wein 7 bis 9 Bds$. Für Mitbringsel sind zu kalkulieren: Die 1-l-Rumflasche der Marke Mount Gay Eclipse kostet rund 12,60 Bds$, der ältere Cockspur V. S. O. R. Fine Rum in der 750-ml-Abfüllung rund 18 Bds$.

Kosmetikprodukte sind recht preiswert und von guter Qualität. Eine Flasche reines Aloe Vera (gegen Sonnenbrand) kostet im Supermarkt rund 12,80 Bds$, eine Tube Zahnpasta ab 1,80 Bds$. Ein Päckchen Zigaretten rückt der Automat für 6 bis 9 Bds$ heraus. Ein dreiminütiges Telefongespräch mit den Lieben zu Hause in Deutschland wird mit 24 Bds$, jede weitere Minute mit 6,95 Bds$ berechnet. Der Feriengruß per Postkarte ist mit 80 Cents plus 90 Cents für die Briefmarke preiswerter. Ein Mietauto inklusive Vollkasko kostet für einen Tag ab ca. 110 Bds$, eine Woche ungefähr 460 Bds$. Für eine organisierte Tagestour sind pro Person rund 100 Bds$ zu zahlen.

DM	Bds$	Bds$	DM
1	1,08	1	0,93
2	2,15	5	4,64
3	3,23	10	9,29
4	4,31	20	18,58
5	5,38	25	23,22
10	10,77	30	27,86
20	21,53	40	37,15
25	26,91	50	46,44
30	32,30	75	69,66
40	43,06	100	92,88
50	53,83	200	185,76
75	80,74	250	232,20
100	107,66	300	278,64
200	215,32	400	371,52
250	269,15	500	464,40
300	322,98	750	696,60
500	538,30	1.000	928,80
750	807,45	2.000	1.857,60
1.000	1.076,60	2.500	2.322,00
2.000	2.153,20	5.000	4.644,00

Bei Scheckzahlung/Automatenabhebung am Urlaubsort berechnet die Heimatbank die oben stehenden Kurse.
Stand: Oktober 1999

Damit macht Ihre nächste Reise mehr Freude:

Die neuen Marco Polo Sprachführer. Für viele Sprachen.

Sprechen und Verstehen ganz einfach. Mit Insider-Tipps.

Das und vieles mehr finden Sie in den Marco Polo Sprachführern:
- Redewendungen für jede Situation
- Ausführliches Menü-Kapitel
- Bloß nicht!
- Reisen mit Kindern
- Die 1333 wichtigsten Wörter